Sebastian Bergmann

Bargeldabschaffung

Chancen und Risiken auf internationaler Ebene

Bibliografische Information der Deutschen Nationalbibliothek:

Die Deutsche Nationalbibliothek verzeichnet diese Publikation in der Deutschen Nationalbibliografie; detaillierte bibliografische Daten sind im Internet über http://dnb.d-nb.de abrufbar.

Impressum:

Copyright © Science Factory

Ein Imprint der Open Publishing GmbH

Druck und Bindung: Books on Demand GmbH, Norderstedt, Germany

Covergestaltung: Open Publishing GmbH

Inhaltsverzeichnis

Kurzfassung

Bargeld ist seit Jahrhunderten eine wichtige Grundlage für das wirtschaftliche Handeln zwischen Unternehmen und Verbrauchern. Verträge zum Kauf- oder Verkauf von Gütern und Dienstleistungen werden geschlossen und über Zahlungen abgewickelt. Dabei sind Banknoten und Münzen kontinentübergreifend, trotz eines unterschiedlichen Zahlungsverhaltens, ein stark verbreitetes und genutztes Zahlungsmittel. Als dieses ist Bargeld eine Grundvoraussetzung wirtschaftlichen Wohlstandes. Dessen Fortbestand wird dennoch von diversen, renommierten Wirtschaftsakteuren seit geraumer Zeit in Frage gestellt. Laut diesen wird durch eine Bargeldabschaffung unter anderem die organisierte Kriminalität eingeschränkt und der Handlungsspielraum von Zentralbanken erweitert. Diese Chancen bilden, zusammen mit der Analyse der Risiken, einen Kernpunkt dieser Arbeit. Denn der Mensch ist in modernen, vernetzten Gesellschaften bereits in hohem Maße kontrollierbar und würde noch transparenter für Unternehmen und Staaten werden. Ebenso kann eine hohe Anfälligkeit der Netze, insbesondere durch gesteigerte digitale Zahlungen, zu Sicherheitsrisiken führen. Auch deshalb werden gewisse Voraussetzungen thematisiert, die im Vorfeld einer Bargeldabschaffung, geschaffen werden müssten. Die Tatsache, dass elektronische Zahlungsformen und neue innovative Technologien immer stärker als Alternativen zu Verfügung stehen, lässt eine Abschaffung des Bargeldes trotz allem in greifbare Nähe erscheinen. Inwiefern diese tatsächlich möglich ist und in welchem zeitlichen Horizont diese vollzogen werden könnte, soll in dieser Ausarbeitung aufgezeigt werden.

Abkürzungsverzeichnis

App	Application
BaFin	Bundesanstalt für Finanzdienstleistungsaufsicht
BIP	Bruttoinlandsprodukt
EU	Europäische Union
EZB	Europäische Zentralbank
IWF	Internationaler Währungsfonds
NFC	Near field Communication
PKW	Personenkraftwagen
POS	Point of Sale
Mio.	Millionen
Mrd.	Milliarden

1 Einführung

Diese Ausarbeitung beschäftigt sich mit der theoretischen Möglichkeit einer Abschaffung des Bargeldes. Diese hätte deutliche Auswirkungen auf die Wirtschafts- und Finanzwelt, da aktuell noch erhebliche Teile des wirtschaftlichen Handels auf der Grundlage von Bargeld basieren. Diverse Ökonomen und Wirtschaftsakteure, wie der deutsche Wirtschaftsweise Peter Bofinger und der amerikanische Ökonom Kenneth Rogoff, stellen seinen Fortbestand seit geraumer Zeit in Frage. Eine Bargeldabschaffung hat laut ihnen verschiedene Ziele, wie zum Beispiel Terrorismusfinanzierung und illegale Geschäfte zu erschweren.[1] Auch der Handlungsspielraum für die Geldpolitik würde durch einen solchen Schritt erweitert werden, in dem negative Zinsen umfassend durchgesetzt werden könnten. Hiermit dürfte sich auch eine Ankurbelung der Konjunktur ergeben.[2]

Zu Beginn soll sich der Leser einen Überblick über die Grundlagen von Geld verschaffen. Wie ist es entstanden, wozu dient es und welche Vor- und Nachteile bietet es. Um einen tieferen Einblick in die Schaffung des Geldes zu gewinnen und Hintergründe über aktuelle Entwicklungen in der EU und im internationalen Kontext zu erfahren, werden im dritten Kapitel grundsätzliche Unterschiede erläutert. In dieser Arbeit wird exemplarisch immer wieder auf die unterschiedlichen Zahlungsverfahren der verschiedenen Nationen eingegangen. Diese Informationen bauen auf einer internationalen Studie zur Bargeldnutzung auf. Durch die starke Globalisierung und resultierender starker Vernetzung von Staaten, Unternehmen, Notenbanken und Privatpersonen, sind die Zusammenhänge und Hintergründe komplex. Ein Kernpunkt besteht in der Analyse von Chancen und Risiken einer möglichen Bargeldabschaffung. Die Chancen einer Bargeldabschaffung im vierten Kapitel stehen im Einklang mit den Zielen, die hiermit verfolgt werden. Um eine Abschaffung des Bargeldes überhaupt zu ermöglichen, müssten zwingend einige allgemeine und technische Voraussetzungen geschaffen werden. Anschließend werden in Kapitel sieben mögliche Alternativen zum bestehenden Bargeldsystem aufgezeigt. Speziell das Mobile Payment und die virtuelle Währung Bitcoin werden hier fokussiert, da in diesen elektronischen Innovationen die Chance besteht, das bestehende Wirtschafts- und Finanzsystem stark zu verändern. Die Erkennt-

---

[1] Vgl. Deutsche Bundesbank (2015), S. 25.
[2] Vgl. Rogoff (2014), S. 2 f.

nisse aus dieser Arbeit werden abschließend zusammengefasst und auf die zu-künftige Rolle des Bargeldes eingegangen.

Grundsätzlich nimmt diese Ausarbeitung vielmals Bezug auf europäische Länder und Studien der Europäischen Zentralbank, sowie der Deutschen Bundesbank. Dennoch werden immer wieder internationale Entwicklungen eingestreut.

2 Grundlagen des Bargeldes

2.1 Entstehung des Bargeldes

Die Historie des heutigen Zahlungsmittels begann vor vielen tausenden Jahren und hat sich immer wieder den aktuellen Verhältnissen angepasst. Den Anfang machte das Waren- oder Naturgeld, das über Tauschgeschäfte abgewickelt wurde. Der Tausch von Ware gegen Ware schränkte allerdings viele Geschäfte stark ein, da nicht immer passende Tauschgegenstände vorhanden waren. Mehrere Tauschvorgänge zwischen unterschiedlichen Personen, um das passende Gut zu erhalten, verlängerten den Bezahlvorgang und erhöhten somit auch die Kosten. Aufgrund dessen haben sich bis zum 18. Jahrhundert Edelmetalle, allen voran Gold und Silber, aber auch Bronze und Kupfer, als neues Zahlungsmittel etabliert. Diese haben den Vorteil, dass sie nur in begrenzter Menge zur Verfügung stehen, wenig Lagerfläche benötigen, leicht teilbar sind und nicht verderben.[3]

Mit dem Aufkommen von Papiergeld änderte sich jedoch die Bedeutung und Verbreitung von Gold- und Silbermünzen. Im Jahre 1483 wurden in Spanien, erstmals in Europa, Papierscheine als Ersatz für fehlende Münzen eingesetzt. Diese beruhten auf dem Vertrauen, dass das Papier ein Wechsel war, der jederzeit in Silber- und später nur noch in Goldmünzen, eingetauscht werden konnte. Mit der internationalen Verbreitung des Papiergeldes begannen auch die Gründungen diverser Notenbanken. Nach dem zweiten Weltkrieg wurde daraufhin ein Abkommen zwischen 44 Staaten, darunter alle großen Industrienationen, geschlossen. In diesem sogenannten Bretton-Wood-Abkommen wurde der Goldstandard international festgelegt. Die Zentralbanken, als Herausgeber der Geldscheine, mussten garantieren eine entsprechende Menge Gold zu besitzen. Diese Menge musste auf Verlangen des Papiergeldbesitzers, ab einer bestimmten gesetzlich festgelegten Mindestsumme, eingetauscht werden. Das Vertrauen in Papiergeld beruhte in dieser Zeit darauf, dass ausreichende Goldbestände in den Zentralbanktresoren vorhanden waren. Deshalb wurde es auch als gedecktes Papiergeld bezeichnet.[4]

Die Aufkündigung des Bretton-Woods-Abkommens im Jahre 1971 durch den US-Präsidenten Richard Nixon, führte in den Folgejahren zu der weltweiten Aufgabe

---

[3] Vgl. Kerscher (2014), S.23 f.
[4] Vgl. Kerscher (2014), S.24 ff.

des Goldstandards. Die Währungen waren von dort an nicht mehr durch Gold ge-deckt und die Zentralbanken aller Länder dadurch in die Lage versetzt, sehr ein-fach Geldwerte zu schaffen. Hierdurch wurde unser heutiges Papiergeldsystem geschaffen und Währungen wurden zu Fiat-Währungen (fehlende Deckung der Währung durch reale Werte). Das Vertrauen der Bürger in die Kreditwürdigkeit ihrer Regierung bildet die Grundlage des Systems des ungedeckten Papiergeldes.[5]

Dabei ist die Zentralbank des jeweiligen Landes als alleinige Instanz damit be-traut, Münzen und Scheine herauszugeben. Im Bundesbankgesetz §14 steht ge-schrieben, dass Euro-Banknoten und Umlaufmünzen das einzige unbeschränkte gesetzliche Zahlungsmittel in Deutschland sind. Diese werden von den nationalen Notenbanken herausgegeben und überwiegend über die Geschäftsbanken in Um-lauf gebracht. Sofern im Einzelfall nicht etwas anderes geregelt wird, kann nie-mand diese als gesetzliches Zahlungsmittel ablehnen.[6]

2.2 Definition von Buchgeld

Die Unterscheidung zwischen Bargeld und Buchgeld gewinnt in Zeiten der zu-nehmenden Digitalisierung und Ausweitung der Geldmenge immer stärker an Bedeutung. Bargeld besteht aus den, von der jeweiligen Notenbank emittierten, umlaufenden Banknoten und Münzen. Den Geschäftsbanken wird neben den Zentralbanken ebenfalls das Recht eingeräumt Geld zu schaffen, indem diese ei-nen Kredit an einen Kunden vergibt und das Geld auf dessen Darlehenskonto gut-schreibt. Durch simple Buchungsvorgänge kann Geld aus dem Nichts generiert werden. Dieses sogenannte Giral- oder Buchgeld hat die gleiche Kaufkraft wie Banknoten und Münzen.[7] Eine direkte rechtliche Regelung des Buchgeldes gibt es allerdings nicht, da es kein gesetzliches Zahlungsmittel darstellt. Eine übermäßige Buchgeldschöpfung durch die Geschäftsbanken könnte das vom Eurosystem ver-folgte Ziel der Preisstabilität gefährden. Deshalb verfügt das Eurosystem über geldpolitische Instrumente wie die Mindestreservepflicht und die Offenmarktge-schäfte, die zur Gewährleistung von Preisstabilität eingesetzt werden können. Die

---

[5] Vgl. Kerscher (2013), S. 29 ff.
[6] Vgl. Deutsche Bundesbank (2015), S. 27 f.
[7] Vgl. Deutsche Bundesbank (2016a), S. 4.

Mindestreserveverpflichtungen führen dazu, dass Banken die von Ihnen vergebenen Kredite durch Guthaben bei der Zentralbank absichern müssen.[8]

Die Schöpfung von Buchgeld wurde in den vergangenen Jahren stark vereinfacht, sodass nur ein Bruchteil der von ihnen ausgereichten Darlehen mit Einlagen hinterlegt werden muss. Ein Beispiel hierfür ist die Senkung des Mindestreservesatzes durch die EZB im Jahre 2012 von zwei Prozent auf ein Prozent. Demnach kann ein vielfaches der hinterlegten Mindestreserve als Kredite vergeben werden.[9]

Mittlerweile werden ungefähr 80 Prozent der Geldmenge in der Eurozone durch Geldinstitute geschaffen. Das in Umlauf gebrachte Buchgeld existiert nicht physisch, sondern lediglich elektronisch. Die nationalen Notenbanken stellen nur 20 Prozent des gesamten Geldes der EU her.[10] In Kapitel 7.2 wird durch die Erläuterung der Schweizer Vollgeld-Initiative näher auf dieses Thema eingegangen.

2.3 Funktionen des Bargeldes

Das Bargeld, als eine Erscheinungsform von Geld, erfüllt verschiedene volkswirtschaftliche Funktionen. In erster Linie ist es ein Tauschmittel, das den Austausch von Gütern vereinfacht. Hier gilt es als Maßstab oder Recheneinheit für den relativen Wert von Gütern und Dienstleistungen.[11] Außerdem ist es in den meisten Teilen der Welt das meist genutzte Zahlungsmittel zum Erwerb von Waren und Dienstleistungen. Als solches ist es allgemein akzeptiert und schafft somit eine Grundvoraussetzung des wirtschaftlichen Wohlstandes.[12]

Eine weitere Funktion des Geldes ist die Wertaufbewahrungsfunktion. Der Kauf und Verkauf von Gütern und Dienstleistungen kann zeitlich divergieren, wenn Waren nicht direkt getauscht werden müssen. Geld dient demzufolge als Speicher für einen späteren Eintausch. Insbesondere beim Sparen wird auf diese Funktion gesetzt. Denn durch Sparen wird Vermögen über die Zeit transferiert und bildet eine Reserve für den späteren Bedarf.[13]

---

[8] Vgl. Deutsche Bundesbank (2016b), S. 1.

[9] Vgl. Kerscher (2013), S. 32 ff.

[10] Vgl. Karwat (2016), S. 1 f.

[11] Vgl. Deutsche Bundesbank (2015), S. 26.

[12] Vgl. Deutsche Bundesbank (2016a), S.1.

[13] Vgl. Deutsche Bundesbank (2016a), S.1.

Neben der Funktion als Wertaufbewahrung erscheint vielen Menschen, vorwiegend in Krisenzeiten, die Werterhaltungsfunktion als sehr wichtig. Üblicherweise steigt im Zuge von Finanzkrisen die Nachfrage nach Bargeld an. So verdoppelte sich der Banknotenumlauf zwischen Oktober 2007 und Oktober 2008. Die Deutsche Bundesbank zahlte allein im Oktober 2008 (dem Monat der Lehman-Pleite) Bargeld in Höhe von 11,4 Mrd. Euro aus.[14] Schlussendlich wird es auch als Instrument zur Ausgabenkontrolle und Haushaltsplanung sehr geschätzt.[15]

2.4 Vor- und Nachteile des Bargeldes

Weiterhin bringt Bargeld, neben den genannten Funktionen, noch einige grundsätzliche Vorteile für die Verbraucher mit. Das Bargeld gewährleistet Anonymität bei der Durchführung von Transaktionen. Demzufolge sind für Dritte Art und Umfang der zugrundeliegenden Transaktion nicht nachvollziehbar. Zusätzlich ermöglichen Barzahlungen dem Nutzer eine gute Kontrolle der Ausgaben und können das Kaufverhalten mindern. So ist Bargeld durch die physische Wertübertragung das transparenteste Zahlungsmittel.[16] Außerdem hat es einen einheitlichen Wert und ermöglicht eine sofortige und endgültige Vertragserfüllung ohne jede weitere Beteiligung von Dienstleistern.[17] Mit ihm sind schnelle Zahlungen möglich und es wird von den Nutzern als sicher und einfach deklariert.[18] Ein besonders wichtiger Vorteil ist, dass Bargeld auch ohne technische Infrastruktur bei Naturkatastrophen oder einem Stromausfall als Zahlungsmittel verwendet werden kann.[19] Des Weiteren benötigt der Gebrauch von Bargeld keine nennenswerten Zugangsbeschränkungen. Auch in Ländern, in denen Bürgern die Eröffnung eines Girokontos verwehrt bleibt, kann mit Banknoten und Münzen bezahlt werden.[20]

Neben den zahlreichen positiven Seiten an Bargeld existieren gleichwohl Nachteile. Beispielsweise fanden Wissenschaftler der Universität Oxford heraus, dass sich auf einer durchschnittlichen Banknote etwa 26.000 potentiell gesundheitsschäd-

---

[14] Vgl. Deutsche Bundesbank (2015), S. 34 f.
[15] Vgl. Deutsche Bundesbank (2015), S. 31.
[16] Vgl. Soman (2001), S. 460 f.
[17] Vgl. Krüger/ Seitz (2015), S. 10.
[18] Vgl. Krüger/ Seitz (2015), S. 9-12.
[19] Vgl. Winter/ Wörlen (2015), S. 522.
[20] Vgl. Deutsche Bundesbank (2015), S. 32.

liche Bakterien befinden.[21] Diese könnten diverse Krankheiten verursachen. Des Weiteren entsteht, insbesondere durch die Aufbewahrung von größeren Mengen an Bargeld im Eigenheim, ein Risiko für die Bürger. Es kann zu Bränden, Diebstählen und dem Verlust von Banknoten kommen. Hinzu kommt die Möglichkeit des Diebstahls von Bargeld aus der Geldbörse. Als weiterer Nachteil führt Bargeld zu hohen Transaktionskosten. Beginnend mit der Herstellung durch die nationalen Notenbanken, kommen Kosten für die Bargeldhaltung und die Belieferung durch die Dienstleister hinzu. Diese werden zumindest teilweise durch Unternehmen, in Form von höheren Produktpreisen, umgelegt und somit an die Kunden weitergegeben.[22] Das Bargeld, insbesondere die Banknoten, können außerdem durch kriminelle Strukturen gefälscht werden. Durch die Hinzuführung dieser Fälschungen entsteht der Bevölkerung des jeweiligen Landes ein Schaden. Das Falschgeldaufkommen ist im Euro-Währungsgebiet verhältnismäßig gering. Der Schaden durch gefälschte Banknoten betrug im Jahre 2015 39,1 Mio. Euro. Gemessen am Regulärumlauf in Höhe von 1.100 Mrd. Euro sind dies nur 0,004 Prozent.[23]

---

[21] Vgl. Siedenbiedel (2014), S. 1.
[22] Vgl. Trütsch (2016), S. 1 f.
[23] Vgl. Deutsche Bundesbank (2015), S. 28.

3 Aktuelle weltweite Entwicklungen

In diversen Berichten von Wirtschaftsexperten und anderen Akteuren wird, auch vor dem Hintergrund einer wachsenden Verfügbarkeit bargeldloser Zahlungsmittel, über die zukünftige volkswirtschaftliche Bedeutung des Bargeldes diskutiert.[24] Hierunter fallen bekannte Namen wie Willem Buiter, Chefökonom der Citigroup, Wirtschaftsweise Peter Bofinger, Larry Summers ehemaliger Chefökonom der Weltbank oder ein US-Ökonom aus Harvard, Namens Kenneth Rogoff, der früher beim IWF tätig war. Diese und weitere Wirtschaftsexperten weisen auf die Vorteile einer bargeldfreien Welt hin. Selbst eine Institution wie die Bank of England forderte zuletzt die Abschaffung des Bargeldes.[25] In diesem Kapitel geht es zunächst darum, einige aktuelle Entwicklungen im europäischen Wirtschaftsraum aufzugreifen und danach einen Blick auf die internationale Ebene zu richten.

3.1 Aktuelle Debatten in der Europäischen Union

3.1.1 Diskussion über die Abschaffung größerer Banknoten und Kleinmünzen

In den letzten Jahren ist die Bekämpfung der organisierten Kriminalität, der Schattenwirtschaft und der Steuerhinterziehung vermehrt in den Fokus der Politik gerückt. Deren Erfassung ist naturgemäß schwierig, da die Aktivitäten darauf abzielen im Verborgenen zu bleiben. In der EU ist eine aktuelle Debatte über die Abschaffung der 200- und 500-Euro-Banknoten entfacht. Im aktuellen Kontext der europäischen Politik wird trotz allem nicht über eine vollständige Bargeldabschaffung diskutiert. Im Mittelpunkt stehen vielmehr eine Beschränkung der Barzahlungen am Verkaufspunkt, sowie die Abschaffung von Kleinmünzen und der größten Banknoten.[26]

Grundsätzlich wird darauf hingewiesen, dass Bargeld, insbesondere in größeren Denominationen, leicht und gut zu transportieren ist und nicht zum Ursprung zurückverfolgt werden kann. Die Abschaffung der größten Banknoten soll demnach helfen Steuerhinterziehung und Kriminalität zu bekämpfen.[27] So sieht man am

---

[24] Vgl. Deutsche Bundesbank (2015), S. 25.

[25] Vgl. Von Pax (2015), S. 2.

[26] Vgl. Deutsche Bundesbank (2015), S. 25.

[27] Vgl. Rogoff (2014), S. 12.

Beispiel der Steuerhinterziehung, dass das Transportieren von größeren Summen an Bargeld in kleineren Scheinen aufgrund des erhöhten Platzbedarfes deutlich unattraktiver ist. Im Hinblick auf kriminelle Energien wird auf die hohe Bargeldhaltung verwiesen. Schätzungen zufolge werden nur 25 bis 35 Prozent der Euro-Bargeldmenge für inländische Transaktionen genutzt. Die restliche Bargeldmenge wird gehortet oder zirkuliert außerhalb der Eurozone.[28] Da zusätzlich rund ein Drittel des Euro-Bargeldumlaufs aus 500-Euro-Banknoten besteht und diese selten genutzt werden, schließen die Bargeldkritiker auf einen großen Umfang an unerwünschten Aktivitäten.[29] Dies gilt auch im Vergleich zu Ländern außerhalb der EU, wie Japan oder den USA. Der Bargeldbetrag pro Bürger, egal ob Mann, Frau oder Kind, liegt in Amerika bei nahezu 4.000 US Dollar. Hier werden sogar über 80 Prozent des Bargeldumlaufs in großen Banknoten gehalten.[30]

Allerdings ist zu beachten, dass auch einige Punkte für die weitere Bereitstellung der größten europäischen Notengrößen sprechen. Sie können zum einen für einmalige, hochwertige Zahlungen sehr nützlich sein. Zusätzlich werden die Banknoten in hoher Stückelung in besonderem Ausmaß für die Wertaufbewahrung verwendet. Ein Aspekt, der ebenfalls eine zu geringe Beachtung in dieser Diskussion findet, ist die Tatsache, dass auch Banknoten kleineren Nennwerts für unwillkommene Aktivitäten verwendet werden. Diese würden sich, bei einer reinen Abschaffung der 200- und 500-Euro-Banknoten, auf kleinere Denominationen verlagern. Deshalb würde in diesen Konstellationen vermeintlich nur eine Abschaffung der gesamten Banknoten Erfolg versprechen.[31]

Dessen ungeachtet hat die EZB in ihrer letzten Ratssitzung am 04. Mai 2016 beschlossen, ab Ende 2018 den Druck von 500-Euro-Scheinen einzustellen. Die im Umlauf befindlichen Scheine bleiben laut EZB auch im Nachgang gesetzliches Zahlungsmittel und können unbegrenzt eingetauscht werden. Durch diesen Schritt werden diese langsam aus dem Verkehr gezogen.[32] Für die Bürger ergeben sich, durch die beschlossene sukzessive Abschaffung der 500-Euro-Banknote, keine wesentlichen Veränderungen. Denn für große Zahlungen wird ohnehin selten

---

[28] Vgl. Fischer/ Köhler/ Seitz (2004), S. 4.
[29] Vgl. Deutsche Bundesbank (2015), S. 34.
[30] Vgl. Rogoff (2014), S. 5.
[31] Vgl. Deutsche Bundesbank (2015), S. 38.
[32] Vgl. European Central Bank (2016), S. 1.

Bargeld genutzt. Für Kleinbetragszahlungen wird zwar meist Bargeld verwendet, doch bei höherpreisigen Einkäufen wird oftmals auf unbare Zahlungsinstrumente zurückgegriffen.[33] Dies unterstreicht eine Analyse über das Zahlungsverhalten in Deutschland von der Deutschen Bundesbank. Bei Zahlungen bis zu einem Transaktionswert in Höhe von 20 Euro, werden nur circa 4 Prozent mit unbaren Zahlungsmitteln beglichen, wohingegen die Anzahl ab 500 Euro Transaktionswert auf circa 76 Prozent ansteigt.[34] Die Abschaffung der größten Banknote ist also für die Bevölkerung keine Tragödie. Dies ist auch daran zu erkennen, dass in anderen Nationen die Banknoten bereits deutlich kleiner gestückelt sind. In Großbritannien liegt die größte Note seit vielen Jahren bei 50 Pfund und im Falle der Vereinigten Staaten von Amerika bei 100 US Dollar.[35]

Zusätzlich schlagen einige Wirtschaftsexperten die Abschaffung von 1- und 2-Cent-Münzen und eine Einführung einer Rundungsregel vor. In dieser aktuellen Diskussion geht es um eine mögliche Kostensenkung des Zahlungsverkehrs. Hierbei wird auf andere Länder im Euro-Währungsgebiet, wie die Niederlande oder Dänemark, die eine Rundungsregel einsetzen, verwiesen. In diesen wird der Rechnungsbetrag bei Transaktionen üblicherweise auf 5 Cent auf- oder abgerundet. Die Kleinmünzen werden überwiegend benötigt, um im Handel Wechselgeld auf den Cent genau herauszugeben. Ein Verzicht auf die kleineren 1- und 2-Cent-Münzen könnte den baren Zahlungsverkehr für den Handel erleichtern und auch zu einer Kosteneinsparung führen.[36] Diese These wurde vom EHI Retail Institute, in einer im Auftrag der Deutschen Bundesbank durchgeführten Studie, widerlegt. In Anlehnung an den Nutzenvergleich, stehen die geringfügig verringerten Logistikkosten dem erhöhten Bedarf von 5- und 10 Cent Münzen der Rundungsregel gegenüber. Resultierend und unter Berücksichtigung, dass andere Stückelungen erhöhten Absatz erfahren, entsteht hier keine erhebliche Kostenreduktion.[37] Auch bei den betroffenen Parteien herrscht ein uneinheitliches Bild bei den Befragungen. In einer allgemeinen Bevölkerungsumfrage der Europäischen Kommission im Jahre 2015 ergab sich kein eindeutiges Stimmungsbild.[38] Auch aus diesem

---

[33] Vgl. Deutsche Bundesbank (2014), S. 45.
[34] Vgl. Deutsche Bundesbank (2015), S. 30.
[35] Vgl. Deutsche Bundesbank (2015), S. 37.
[36] Vgl. Deutsche Bundesbank (2015), S. 39.
[37] Vgl. Horst (2015), S. 52.
[38] Vgl. European Comission (2015), S. 23 ff.

Grund erscheint eine Abschaffung der Kleinmünzen und eine flächendeckende Rundungsregel nicht erforderlich.[39]

Insgesamt gibt es sowohl Argumente für als auch gegen die Bereitstellung von größeren Banknoten und Kleinmünzen. Zwingende Gründe für eine weiterführende Veränderung der bestehenden Stückelungsstrukturen, nach dem Beschluss des EZB-Rats, können hierbei nicht gefunden werden.[40]

3.1.2 Einführung von Bargeldzahlungsobergrenzen

Neben der aktuellen Debatte über die Abschaffung größerer Banknoten wurden schon vor einigen Jahren in weiten Teilen der EU Bargeldzahlungsobergrenzen eingeführt. Diese Beschränkungen fallen nicht in den Verantwortungsbereich der jeweiligen Notenbank, sondern vielmehr in den Bereich der Politik.[41] Wie in der Grafik im Anhang 1 ersichtlich, gelten diese Zahlungsrestriktionen bereits in nachstehend genannten Ländern. Diese regulatorischen Maßnahmen im Zahlungsverkehr sollen unter anderem helfen Steuerhinterziehung, Schwarzarbeit und andere illegale Geschäft zu erschweren. Ebenfalls würden diese, nach Ansicht von Sebastian Fiedler, stellvertretender Vorsitzender des Bundes Deutscher Kriminalbeamter, Geldwäschern erhebliche Probleme bereiten. Durch die Einführung einer Barzahlungsobergrenze dürften unter anderem Juweliere oder Gebrauchtwagenhändler nicht mehr große Barbeträge annehmen. Somit brauche es schon einen zweiten Kriminellen, der bei einer möglichen Umgehung der Obergrenze mitspielen würde.[42] Durch die Obergrenze müsste elektronisches Geld verwendet werden und dieses lässt sich wegen der fehlenden Anonymität dann nicht mehr für verborgene Zwecke nutzen, so die Idee.

Den Anfang machte hierbei Griechenland im Jahre 2011. Die Regierung in Athen schränkte, mit einer Obergrenze in Höhe von 1.500 Euro, erstmalig Bargeldgeschäfte ein. Im weiteren Verlauf legten Italien, Frankreich und Portugal aufgrund einer Direktive zur Nachvollziehbarkeit von Finanzierungen, ihre Höchstgrenzen auf 1.000 Euro fest. Italien hob diese zu Beginn des laufenden Jahres wieder auf 3.000 Euro an. Darüber hinaus sind seit 30. Oktober 2012 in Spanien Barzahlun-

---

[39] Vgl. Deutsche Bundesbank (2015), S. 39.

[40] Vgl. Deutsche Bundesbank (2015), S. 38.

[41] Vgl. Deutsche Bundesbank (2015), S. 38.

[42] Vgl. Greive/ Jost/ Tauber (2016), S. 3.

gen über 2.500 Euro zwischen Verbrauchern und Händler verboten und auch Tschechien, Polen und die Slowakei sind diese Wege mitgegangen. Zuletzt wurde in Belgien zum Beginn des Jahres 2014 die zulässige Bargeldsumme beim Kauf von Waren und Dienstleistungen von 5.000 Euro auf 3.000 Euro verringert. Schwedische, dänische und finnische Händler können die Annahme von Bargeld sogar komplett verweigern. Hierauf wird aber erst in einem späteren Abschnitt näher eingegangen. In Ungarn, Estland, Lettland, Litauen, Finnland, Schweden, Dänemark, Niederlande, Großbritannien, Slowenien, Österreich und Deutschland gibt es derzeit noch keine Beschränkungen bei Barzahlungen.[43]

Doch auch in den Kreisen der deutschen Politik wird aktuell über eine Einführung einer Bargeldzahlungsobergrenze in Höhe von 5.000 Euro diskutiert.[44] Inwiefern diese festgelegt wird und ab wann diese gelten könnte, ist aktuell noch nicht absehbar. Im Falle der Nichtbeachtung der Regeln zu Barzahlungen drohen den Beteiligten, wie beispielsweise in Italien, hohe Strafen von bis zu 40 Prozent der Zahlung.[45] Dennoch steht eine Evaluierung der Effektivität, der in den genannten Ländern eingeführten Barzahlungsobergrenzen, zuweilen noch aus. Inwieweit diese tatsächlich helfen, unerwünschte Aktivitäten zu reduzieren, ist also noch unklar.[46]

Wie im vorgenannten Abschnitt erläutert, sollte trotz allem nicht vergessen werden, dass Bargeld durch die Bürger hauptsächlich für Kleinbeträge verwendet wird. Verbraucher zahlen höherwertige Güter bereits heute in erheblichem Umfang bargeldlos. Hieraus lässt sich schließen, dass auch hier die große Mehrheit der Zahlungsvorgänge überhaupt nicht von einer Barzahlungsobergrenze tangiert wird.[47] Dem Bürger entstehen, wie bei der Debatte um große Banknoten, also vermeintlich keine gravierenden Nachteile, aber eventuelle Vorteile für die gesamte Bevölkerung.

---

[43] Vgl. Europäisches Verbraucher Zentrum (2016).
[44] Vgl. Greive/ Jost/ Tauber (2016), S. 2.
[45] Vgl. Europäisches Verbraucher Zentrum (2016)
[46] Vgl. Deutsche Bundesbank (2015), S. 38.
[47] Vgl. Bagnall et al. (2014), S. 20.

3.2 Wichtige Informationen im internationalen Kontext

Im internationalen Vergleich gibt es große Unterschiede bei der Nutzung von baren- und unbaren Zahlungsmitteln. Um ein Urteil über eine mögliche Bargeldabschaffung fällen zu können, werden in diesem Abschnitt einige grundsätzliche Informationen dargelegt. Über die Zeit entstandene nationale Zahlungsgewohnheiten resultieren aus einem Zusammenspiel verschiedener Einflussfaktoren. Diese hängen sowohl von den Präferenzen der Zahlungsempfänger (Handel) als auch der Zahler (Kunden) der jeweiligen Länder ab. Weiterhin spielt die Subventionierung der digitalen Zahlungsverfahren durch den Staat eine wichtige Rolle und wie stark diese von den Medien beworben werden.[48] In einigen Ländern wie Australien, Frankreich, Kanada oder den Niederlanden haben Kartenanbieter, Banken und Einzelhandelsverbände landesweite Werbekampagnen für das Bezahlen mit der Karte gestartet. Diese beeinflussen das Zahlungsverhalten in starkem Ausmaß.[49]

Dies bestätigt eine neue Studie, in der international vergleichbare Daten aus Zahlungstagebüchern aus den Jahren 2009 (Kanada) bis 2012 (USA) analysiert wurden. Mehr als 18.500 Verbraucher in Australien, Kanada, Frankreich, den Niederlanden, Österreich, Deutschland und den USA hielten schriftlich ihre Zahlungen fest und notierten, welche Zahlungsmittel sie dabei nutzten. Die Studie zeigt, dass Bargeld in allen untersuchten Ländern nach wie vor stark für Kleinbetragszahlungen genutzt wird.[50] Besonders in Österreich und Deutschland sind die Bargeldtransaktionen mit jeweils 82 Prozent noch sehr weit vertreten. Dies verdeutlicht auch die im Anhang 3 ersichtliche Grafik zum Anteil der Bartransaktionen an der Gesamtanzahl und dem Wert der Transaktionen.[51]

Dennoch werden dabei deutliche Unterschiede im Zahlungsverhalten der Länder aufgedeckt. Die Anzahl der Zahlungskarten in Kanada und den Vereinigten Staaten von Amerika liegt im Durchschnitt bei 3,5 und 4,2 und somit mehr als doppelt so hoch wie bei den Vergleichsnationen.[52] Hier zeigt sich, zum Beispiel in Supermärkten, eine verminderte Nutzung von Bargeld. Der Bargeldanteil, in Bezug auf

---

[48] Vgl. Winter/ Wörlen (2015), S. 523.

[49] Vgl. Jonker/ Plooij/ Verburg (2015), S. 24.

[50] Vgl. Bagnall et al. (2014), S. 15.

[51] Vgl. Bagnall et al. (2014), S. 10.

[52] Vgl. Bagnall et al. (2014), S. 13.

die Gesamttransaktionszahl am Point of Sale, liegt hier nur bei 53 und 46 Prozent.[53]

Sehr ähnlich verläuft die Entwicklung in den skandinavischen Ländern, wie Schweden und Dänemark. Die Nutzung bargeldloser Zahlungsverfahren ist hier sogar noch deutlich ausgeprägter.[54] Der dänische Einzelhandel weist laut einer Studie aus dem Jahre 2012 schon 84 Prozent ihrer Transaktionen als bargeldlose Transaktionen aus.[55] Weiterhin möchte die Regierung Dänemarks ab dem Jahre 2017, in einer dreijährigen Testphase, den Einzelhandel von der gesetzlichen Annahmepflicht von Bargeld befreien. Tankstellen, Restaurants und andere kleinere Geschäfte müssen zukünftig kein Bargeld mehr annehmen.[56] Bargeld ist hier mit rasantem Tempo auf dem Rückzug. Aufgrund einer zu geringen Nachfrage werde die dänische Notenbank ab 2017 keine neuen Banknoten mehr drucken.[57]

Im Nachbarland Schweden ist eine ähnliche Entwicklung zu beobachten. In der schwedischen Universitätsstadt Uppsala und in Hunderten von schwedischen Kirchen wird die Kirchenkollekte anstatt in einem Klingelbeutel schon seit mehreren Jahren über einen Kollektomat eingesammelt. Die Kirchgänger können per Klick, über den Touchscreen eines Automaten, ihre gewünschte Spendensumme angeben und innerhalb von Sekunden mit ihrer Debit- oder Kreditkarte zahlen.[58]

Auch ein schwedischer Obdachloser erregt weltweit viel Aufmerksamkeit. Wenn dieser am Straßenrand sitzt, eine Obdachlosenzeitung verteilt und um eine Spende bittet, akzeptiert er die Ausrede „ich habe kein Kleingeld dabei" nämlich nicht. Seine „Kunden" können bei ihm mit ihrer Bankkarte bezahlen. Das Kartenlesegerät wurde von der Obdachlosenzeitung zur Verfügung gestellt und von der Kreditkartengesellschaft Mastercard finanziert.[59]

Betrachtet man den Verlauf der vergangenen Jahre, so hält die Digitalisierung im Zahlungsverkehr grundsätzlich in allen Ländern Einzug, auch im unterentwickel-

---

[53] Vgl. Bagnall et al. (2014), S. 27.
[54] Vgl. European Central Bank (2015a), S. 24.
[55] Vgl. Anwar (2015), S. 1.
[56] Vgl. Von Pax (2015), S. 2.
[57] Vgl. Anwar (2015), S. 1.
[58] Vgl. Balzter (2016), S. 1 f.
[59] Vgl. Siedenbiedel (2014), S. 1.

ten Zahlungsverkehr Deutschlands.[60] Hierzu tragen seit einigen Jahren auch neue Techniken wie das Mobile Payment oder die Near Field Communication bei. Unter Verwendung der NFC kann eine Zahlung bis zu einer Distanz von 10 cm drahtlos übertragen werden. Dazu muss die Zahlungskarte und das Terminal an der Ladenkasse passend ausgestattet sein. Mobile-Payment-Zahlungen werden mit dem Smartphone abgewickelt und kommen so völlig ohne Karten aus.[61]

Trotz dieser zunehmenden Verbreitung von sehr einfach handhabbaren bargeldlosen Zahlungsmitteln, bleibt Bargeld vermutlich noch auf lange Sicht in einem erheblichen Ausmaß nachgefragt. Zumindest ohne regulatorische Beschränkungen oder substanzielle Änderungen der Nutzerpräferenzen. Dr. Jens Weidmann als Präsident der deutschen Bundesbank bestätigte dies indem er sagte, dass die Bundesbank jederzeit Bargeld bereitstelle, wenn es von den Bürgern gewünscht wird. Über die zukünftige Bedeutung des Bargeldes sollen die Verbraucher und andere Institutionen selbst entscheiden.[62]

---

[60] Vgl. Bagnall et al. (2014), S. 1.
[61] Vgl. Winter/ Wörlen (2015), S. 524.
[62] Vgl. Deutsche Bundesbank (2015), S. 25.

4 Chancen und Ziele einer Bargeldabschaffung

Im dritten Kapitel wurde auf Diskussion zur Abschaffung der größeren Banknoten und auf bereits bestehende Barzahlungsobergrenzen innerhalb der EU hingewiesen. Die Abschaffung des Bargeldes soll nun, nach Ansicht der Ökonomen, eine bessere Bekämpfung dieser Handlungsfelder bewirken. Sie vermuten, dass die aktuell durchgeführten regulatorischen Maßnahmen hinsichtlich der Bargeldzahlungen nur als anfängliche Handlungen zu werten sind. Eine Bargeldabschaffung solle so schrittweise, als ein schleichender Prozess, eingeführt werden. Zahlungsobergrenzen und die Bereitstellung von größeren Banknoten solle nach ihrer Ansicht sukzessive nach unten geschraubt werden. Die Menschen würden sich durch die Gewohnheitseffekte schnell darauf einstellen und immer stärker bargeldlos zahlen.[63] Im nachfolgenden Kapitel werden nun eine ganze Reihe von Chancen einer möglichen Bargeldabschaffung aufgegriffen, die grundsätzlich für die gesamte Bevölkerung gelten sollen. Weiterhin beschreiben die genannten Wissenschaftler mögliche positive Effekte für den Staat und einige Unternehmen. Diese werden in Kapitel 4.2, als inoffizielle Gründe, näher erläutert.

4.1 Offiziell genannte Gründe

4.1.1 Organisierte Kriminalität (wie Terrorismus, Drogenhandel und Geldwäsche)

Die Idee der Bekämpfung dieser Kriminalität zielt wie schon genannt, vor allem auf die Anonymität ab, die Bargeld verschafft, da es nicht zum Ursprung verfolgt werden kann. Eine reine digitale Welt des Bezahlens schränkt anonyme Zahlungen ein oder kann sie sogar komplett verhindern. Manche Kritiker prophezeien deshalb große Fortschritte gegen Terrorismusfinanzierung, Drogenhandel und Geldwäsche im Falle der Abschaffung des Bargeldes. Es gilt hierbei allerdings auch zu bedenken, dass nur wenige Erkenntnisse über den Anteil des Bargeldes an illegalen Zwecken vorliegt. Denn nur durch den beschriebenen hohen Anteil der Banknoten in großer Stückelung, lässt sich schwer ein Betrag der unerwünschten Verwendung quantifizieren. Weiterhin gibt es ausreichend Möglichkeiten, Geld digital und ohne Spur zu transferieren.[64] Dennoch ist denkbar, dass eine Abschaffung des Bargeldes, einige unerwünschte Aktivitäten erschweren würde.

---

[63] Vgl. Horstmann/ Mann (2016), S. 22.
[64] Vgl. Rösl/ Seitz (2015), S. 526.

Eine einfache Übergabe von Ware gegen Bargeld wird für einen Drogen oder Waffenhändler unmöglich. Außerdem können verdeckte Geschäfte mit einem elektronischen Zahlungsmittel deutlich einfacher entdeckt und nachverfolgt werden.[65] Auch im Hinblick auf betriebene Geldwäsche würde dies zu deutlich besseren Erfolgen führen. Bei Geldwäsche geht es darum, illegal erzielte Erträge, etwa aus Drogengeschäften oder dem Menschenhandel, in den normalen Wirtschaftskreislauf einzuspeisen. Für die Täter liegt die Schwierigkeit darin illegale Summen in den legalen Wirtschaftskreislauf einzuschleusen. Und die Bezahlung von Autos, Schmuck oder Immobilien in bar sei dafür ein klassisches Einfallstor.[66] Zwar unterwirft das Geldwäschegesetz bereits heute Händler und andere Akteure bestimmten Sorgfaltspflichten im Falle eines Erwerbs hochpreisiger Güter mit Bargeld, doch es liegen trotzdem sehr hohe Anzahlen vor.[67] Laut einer Studie in Deutschland, beläuft sich das Geldwäschevolumen, bei einer Zahl der Verdachtsfälle zwischen 15.000 und 28.000, auf etwa 100 Mrd. Euro jährlich.[68] Auch wenn nur Teile dieser Summen als Mehreinnahmen in die Staatskassen der jeweiligen Länder fließen würden, könnte dies als erheblicher Erfolg für den Staat und letztendlich für die Bevölkerung gewertet werden.

4.1.2 Schwarzarbeit und Steuerhinterziehung

Schätzungen des Ökonomen Friedrich Schneider, der an der Universität Linz über den Markt für Schwarzarbeit forscht, gehen davon aus, dass die Schattenwirtschaft im Falle der Abschaffung des Bargeldes um bis zu 15 Prozent sinken würde.[69] Zusammen mit anderen Ökonomen hat er Schätzungen über eventuelle Mehreinnahmen von Staaten auf der ganzen Welt abgegeben. Nach seinen Aussagen beläuft sich die Schattenwirtschaft in den USA auf ungefähr sieben bis zehn Prozent des Bruttoinlandsproduktes. Dies führt zu einem Steuerloch in Höhe von circa 450 Mrd. US Dollar. Nach Abzug von erfolgreichen Steuereintreibungen bleiben nach seinen Berechnungen noch immer 385 Mrd. US Dollar übrig. Das sind umgerechnet in etwa 340 Mrd. Euro.[70] In Europa und anderen Kontinenten, wie

---

[65] Vgl. Deutsche Bundesbank (2015), S. 34.
[66] Vgl. Greive/ Jost/ Tauber (2016), S. 3.
[67] Vgl. Deutsche Bundesbank (2015), S. 38.
[68] Vgl. Greive/ Jost/ Tauber (2016), S. 2.
[69] Vgl. Buhse (2015), S. 1 f.
[70] Vgl. Feige (2011), S. 30.

Asien oder Südamerika, wird die anteilige Quote der Schattenwirtschaft am Bruttoinlandsprodukt sogar als noch höher angenommen.[71] Durch die Eindämmung dieser lassen sich für den Staat also deutliche Mehrerträge erwirtschaften, die sich am Beispiel von Amerika, auf umgerechnet 51 Mrd. Euro belaufen.

Allerdings sollten, die im Kapitel der Risiken genannten, Ausweichreaktionen im Falle einer Bargeldabschaffung nicht vergessen werden. Außerdem handelt es sich hier nur um theoretische Größen, da eine genaue Berechnung der schattenwirtschaftlichen Aktivitäten nicht möglich ist. Möglicherweise wäre hier, die Ursachen für Schwarzarbeit zu bekämpfen, eine noch bessere politische Lösung. Hierzu wären strukturelle Ursachen wie hohe Steuer- und Abgabenbelastungen, übermäßige Regulierungen und eine hohe Arbeitslosigkeit zu nennen.[72]

Das Argument der Steuerhinterziehung durch die Verschleierung von Vermögen kann jedoch relativ schnell entkräftet werden. Denn diese funktioniert schon seit einiger Zeit nicht mehr mithilfe eines Geldkoffers der im Kofferraum eines PKW in ein anderes Land gebracht wird. Stattdessen werden immer häufiger komplizierte Konstruktionen von Tochter- und Briefkastenfirmen gegründet, deren zahllose digitale Transaktionen für die Steuerfahnder letzten Endes kaum mehr nachzuvollziehen sind. Eine Bargeldabschaffung hätte deshalb nur geringe positive Effekte auf die Steuerhinterziehung.

4.1.3 Kostenersparnis

Einige Wirtschaftsexperten argumentieren zudem, dass Barzahlungen volkswirtschaftlich teurer sind als Zahlungen mit unbaren Instrumenten.[73] Dementsprechend verursache Bargeld hohe soziale Kosten im Zahlungsverkehr, die in der EU auf knappe 0,5 Prozent des BIP geschätzt werden.[74] Durch eine Bargeldabschaffung würden laut Malte Krüger, Professor für Geldpolitik an der Fachhochschule Frankfurt, die Kosten für die Herstellung der Banknoten und der Transport, entfallen.[75] Zudem fallen für die Bereitstellung des Bargeldes durch die Händler Kosten an, die für den Verbraucher eine verdeckte Preissteigerung bedeuten. Die

---

[71] Vgl. Schneider/ Buehn/ Montenegro (2010), S. 459.
[72] Vgl. Rösl/ Seiz (2015), S. 526.
[73] Vgl. Rogoff (2014), S. 8.
[74] Vgl. Schmiedel/ Kostova/ Ruttenberg (2013), S. 1 ff.
[75] Vgl. Buhse (2015), S. 2.

vollkommen intransparenten Kostenstrukturen beim Bargeld führen dennoch dazu, dass dieses aus individueller Optik, als kostenlos angesehen wird.[76] Die Bürger könnten also durch eine Abschaffung des Bargeldes entlastet werden, denn die Kosten pro Transaktion mit Bargeld belaufen sich auf 0,42 Euro. Bei diesem Aspekt ist dennoch zu beachten, dass die systematische Erfassung aller relevanten Kostenfaktoren bei Bargeldzahlungen schwierig ist und somit zu einer gewissen Unsicherheit bei den Ergebnissen führt.[77]

Um eine bessere Vergleichbarkeit dieses Wertes mit den bargeldlosen Bezahlsystemen zu schaffen, soll eine Studie über den Vergleich der Kosten von Bargeld zu Giro- und Kreditkarten herangezogen werden. Hierbei variieren die Ergebnisse je nach dem welche Bezugsgröße (je Transaktion oder je Euro Umsatz) verwendet wird.[78]

Auch bargeldlose Zahlungsinstrumente, hier am Beispiel der Debit- und Kreditkarten, kosten den Zahlungsempfänger in der Regel pro Transaktion eine Gebühr. Wie hoch diese Gebühr ist, hängt von den rechtlichen Gegebenheiten des Landes und den Zahlungsdienstleistern ab, die die Zahlungen abwickeln. Diese wird allerdings im Gegensatz zu Bargeldzahlungen offen ausgewiesen.[79] Im Durchschnitt der 13 an der Studie teilgenommenen Länder der EU, weisen die Kosten pro Transaktion je Euro Umsatz mit der Debitkarte 0,014 Euro auf. Die vergleichbaren Kosten einer Bargeldzahlung belaufen sich auf 0,023 Euro. Zahlungen mit der Debitkarten sind also bezogen auf den Umsatz günstiger als Barzahlungen. Kreditkarten kommen in dieser Analyse auf einen teureren Kostenbetrag in Höhe von 0,034 Euro je Euro Umsatz. Die Ergebnisse der Forschung zeichnen demzufolge ein uneinheitliches Bild. Die Vermutung, dass Bargeld generell teurer als andere Zahlungsmittel sei, wird deshalb nicht gestützt.[80]

Eine aktuellere Studie könnte jedoch unter Umständen ein anderes Bild abgeben. Denn die Europäische Union verordnete kürzlich eine Höchstgrenze für Interbankenentgelte bei Kartensystemen. Diese sorgt für grundsätzlich sinkende Preise in diesen Bereichen. Seit dem 9. Dezember 2015 dürfen die Entgelte für Debitkarten

---

[76] Vgl. Trütsch (2016), S. 1.
[77] Vgl. Deutsche Bundesbank (2015), S. 33.
[78] Vgl. Beck/ Prinz (2015), S. 519.
[79] Vgl. Winter/ Wörlen (2015), S. 523.
[80] Vgl. Deutsche Bundesbank (2015), S. 33.

nicht über 0,2 Prozent und Kreditkarten nicht höher als 0,3 Prozent vom Zahlungsbetrag liegen.[81] Zusätzlich hat die Anzahl der neuen innovativen Bezahlsysteme, welche die Transaktionskosten im Gegensatz zum Bargeld noch weiter minimieren können, in den letzten 50 Jahren überproportional zugenommen.[82] Auf einige wird in späteren Abschnitten genauer eingegangen.

4.1.4 Weitere Vorteile

Ein weiterer Vorteil besteht darin, dass eine verbesserte Hygiene durch die Abschaffung der Banknoten und Münzen erreicht werden könnte. Außerdem sieht man am Beispiel von Schweden bereits heute, dass nur noch selten Banküberfälle vollzogen werden. Das Risiko des Bankraubs würde gänzlich entfallen, sobald es kein Bargeld mehr gibt. Ebenso würden Überfälle auf Geldtransporter, Schmuckläden und Supermärkte sowie der Weg zum Geldautomaten, der Vergangenheit angehören.[83]

4.2 Mögliche inoffizielle Gründe und Hintergründe

Neben den vordergründig genannten Chancen für die Bürger, sprechen folgende Punkte aus der Makroökonomie für eine Bargeldabschaffung. Zum einen kann die Effektivität der Geldpolitik bei Negativzinsen erhöht werden. Eine Senkung der Zinsen in den negativen Bereich soll ermöglicht werden ohne einen sogenannten Bankenrun zu initiieren. So soll die Entschuldung des Staates vorangetrieben werden, denn das Guthaben und die Verbindlichkeiten der Marktteilnehmer und des Staates nehmen sodann an Wert ab.[84] Außerdem erhoffen sich die Befürworter eine Konsumsteigerung und somit eine Stimulierung der Konjunktur der jeweiligen Länder. Diese positiven Effekte für den Staat sollen hier aufgegriffen werden.[85]

---

[81] Vgl. European Parliament (2015), S. 8.

[82] Vgl. Trütsch (2016), S. 2.

[83] Vgl. Bunjes (2016), S. 1 f.

[84] Vgl. Kerscher (2013), S. 144.

[85] Vgl. Winter/ Wörlen (2015), S. 526.

4.2.1 Durchsetzbarkeit von Negativzinsen

Wie eingangs erwähnt, hat die Bank of England zuletzt gefordert, das Bargeld abzuschaffen, da nur so niedrige Zinsen reell durchgesetzt werden könnten.[86] Diese These wird, insbesondere seit Ausbruch der Finanzkrise, von den Gegnern des Bargeldes aufgegriffen. Denn die weltweite Verschuldung der Staaten steigt zunehmend deutlich an. Dies wird, beim Blick auf die jüngst von McKinsey veröffentlichte Studie über die Verschuldungsquoten der Staaten, deutlich. Nicht nur die Industriestaaten des Westens, auch die Schwellenländer wie China und Südkorea haben hohe Schulden.[87]

Durch eine Absenkung der Zinsen in den negativen Bereich würde der Wert der Verbindlichkeiten kontinuierlich abfallen. Denn der Geldgeber erhält am Ende nicht mehr, sondern weniger Kapital zurück, als er eingesetzt hat. Gleichzeitig muss ein Schuldner weniger Kapital zurückführen, als er ursprünglich aufgenommen hatte. Dies würde die Entschuldung der Staaten fördern.

Bisher sind negative Zinsen allerdings nur für die Banken, im Falle der Einlagerung bei der EZB, eingetreten. Spar- und Girokonten der Bürger sind davon noch nicht betroffen. Mit in den negativen Bereich sinkenden Zinsen steigt nach John Maynard Keynes die Liquiditätspräferenz, da die Opportunitätskosten (=entgangene Zinsen) für Bargeldhaltung entfallen. Die Marktteilnehmer würden deshalb ihr angespartes Kapital abheben und Bargeld halten. So entgehen sie zumindest einer, parallel zur Inflationsrate wirkenden, Geldentwertung durch negative Zinsen auf ihren Konten. In diesem Falle, würde nach Keynes die Nachfrage nach Bargeld förmlich explodieren.[88] Aufgrund dessen sei der Handlungsspielraum für die Geldpolitik der Zentralbanken ohne Bargeld deutlich größer. Sie könnten die Zinsen deutlicher in den negativen Zinsbereich absenken, ohne einen vermutlich entstehenden Bankenrun zu verursachen. Dieser könnte laut dem US-Ökonomen Rogoff ab einem Zinssatz in Höhe von minus 0,5 Prozent auftreten, wenn die Marktteilnehmer beginnen ihr Kapital zu horten.[89] Sie könnten der Geldentwertung nicht entgehen, da es für sie unmöglich wäre, ihr Kapital aus dem Banksystem abzuziehen. Ein Bankenrun durch die Einführung flächendeckender

---

[86] Vgl. Von Pax (2015), S. 1 f.
[87] Vgl. Diekmann (2015), S. 1 f.
[88] Vgl. Keynes (1936), S. 302.
[89] Vgl. Rogoff (2014), S. 2.

Negativzinsen, kann also durch eine Bargeldabschaffung organisatorisch ausgeschaltet werden.[90]

Fraglich bleibt in diesem Falle jedoch die Belastung der langjährig angesparten Vermögen der Bürger durch Negativzinsen. Dies führt laut Studien, simultan zur Inflationsrate, zu einer schleichenden Enteignung der Sparer. Schon jetzt beziffern sich die Wohlfahrtseinbußen, durch die seit 2010 von der EZB verfolgte krisenbedingte Niedrigzinspolitik, allein in Deutschland auf 39 Mrd. Euro pro Jahr.[91]

4.2.2 Ankurbelung des Konsums

Das zweite gewünschte Ergebnis, welches durch negative Zinssätze erreicht werden soll, ist die Zunahme des Konsums. Wenn die Besitzer ihr Geld schnell ausgeben, da es auf den Banken keine Zinsen mehr für angespartes Kapital gibt, nimmt die wirtschaftliche Aktivität zu.[92] Begründet wird dies durch folgende Effekte aus der Volkswirtschaftstheorie. Die Umlaufgeschwindigkeit des Geldes wird gesteigert, wenn die Marktteilnehmer versuchen, den Negativzinsen zu entkommen. Sodann nimmt das Angebot an Kapital zu. Die Finanzierungsbedingungen verbessern sich und die Investitionstätigkeit steigt. Dies wirkt als eine Art Konjunkturprogramm.[93]

Doch diese Entwicklungen können zu massiven Fehlinvestitionen führen. Dies verdeutlichen beispielsweise die gewaltigen Abschreibungen im Zuge der New-Economy-Blase des Jahres 2000.[94] Außerdem bestehen auch hier berechtigte Zweifel an der langfristigen Wirksamkeit der Maßnahme, da grundlegende Wachstumsschwächen der Länder nicht mithilfe von kurzfristiger Geldpolitik geheilt werden sollten. Anstatt über die vollständige Abschaffung des Bargeldes, sollte laut der Deutschen Bundesbank, über Maßnahmen diskutiert werden, die zu mehr Wachstum führen.[95] Dies müsse durch tiefgreifende Strukturreformen in den jeweiligen Ländern passieren.[96]

---

[90] Vgl. Krüger/ Seitz (2015), S. 11.
[91] Vgl. Rösl/ Tödter (2015), S. 10.
[92] Vgl. Koller/ Seidel (2014), S. 40.
[93] Vgl. Beck/ Seitz (2015), S. 518.
[94] Vgl. Ebenda.
[95] Vgl. Deutsche Bundesbank (2015), S. 35.
[96] Vgl. Winter/ Wörlen (2015), S. 525.

Neben dem Staat sind weitere kommerzielle Profiteure einer zunehmend bargeldfreien Welt auf der Seite der Unternehmen zu finden. Verkaufsplattformen im Internet profitieren von erhöhten Umsätzen, Kartendienstleister können stärkere
Zahlungsaktivitäten verzeichnen und auch Kreditinstitute führen mehr unbare
Zahlungen aus.[97] Zusätzlich könnten sich visionäre Technologieunternehmen wie
Facebook, Google und Apple als mögliche Gewinner einer Bargeldabschaffung
erweisen. Durch die gewonnenen Informationen über Vorlieben und Gewohnhei-
ten der Nutzer, werden solche Technikriesen in eine Stellung gebracht, Kunden-
wünsche in neueste Entwicklungen einfließen zu lassen. Dies schafft diesen zukünftig eine noch größere Basis für Gewinnsteigerungsmöglichkeiten.[98] Nun stellt
sich die Frage, ob eine Bargeldabschaffung überhaupt umsetzbar ist und welche
Voraussetzungen dafür geschaffen werden müssten.

---

[97] Vgl. Horstmann/ Mann (2016), S. 17.
[98] Vgl. Horstmann/ Mann (2016), S. 46.

5 Voraussetzungen für eine mögliche Bargeldabschaffung

Eine Bargeldabschaffung in einer aktuell noch sehr stark mit Bargeld frequentierten Welt, ist nicht ohne größere Veränderungen möglich. Es müssen einige allgemeine, technische und politische Voraussetzungen geschaffen werden um diese zu ermöglichen. Die wichtigste Grundlage muss von staatlicher Seite geschaffen werden. Es muss eine Gesetzesänderung erfolgen, sodass Bargeld nicht mehr gesetzliches Zahlungsmittel ist. Das jeweilige Bundesbankgesetz müsste in einem juristischen Akt geändert werden.

Im Falle von digitalen Zahlungssystemen, wäre technikbedingt die Netzsicherheit von zentraler Bedeutung. Der Zugriff von Hackern sollte bestmöglich verhindert werden. Denn ein allgemeines elektronisches Zahlungsmittel, wäre in erhöhtem Maße Angriffen von Kriminellen ausgesetzt.[99]

Für mobil- und kartenbasierende Bezahlsysteme wäre aufgrund eines starken Anstiegs der digitalen Zahlungen zusätzlich, ein zumindest sehr belastungsresistentes Netz von Vorteil. Hierbei sollte zu jeder Zeit die Stromversorgung gewährleistet sein. Ein elektronisches Zahlungssystem muss ständig weiterentwickelt und sicherer gemacht werden und ist daher auch nicht billig.[100] Noch besser wäre hierbei die Offline-Fähigkeit des Zahlungsverfahrens. Um Zahlungen reibungslos durchführen zu können, sollte das System auch offline funktionieren, das heißt ohne Verbindung zu einer Bank oder einem sonstigen Zahlungsdienstleister. Denn wenn die Kommunikationsnetze nicht funktionieren sollten, wären ohne die Offline-Funktion keine Zahlungen möglich. Dies wäre für das Gastgewerbe, den Einzelhandel und jede Menge andere Wirtschaftszweige eine Katastrophe. Denn das Ausweichen auf Bargeld wäre keine Zahlungsalternative mehr.[101]

Weiterhin sollten neue Zahlungsmethoden wie das Mobile Payment, auf das in Kapitel sechs näher eingegangen wird, weiterentwickelt werden. Die funktionierende Infrastruktur von innovativen Alternativen zum Bargeld sind also die Voraussetzung für eine mögliche Bargeldabschaffung. Um kontaktlos mit der Karte oder mit dem Mobiltelefon zahlen zu können, müssen die Kartenlesegeräte im Einzelhandel entsprechend technisch ausgestattet sein. Unter anderem müssten

---

[99] Vgl. Krüger/ Seitz (2015), S. 11.
[100] Vgl. Buhse (2010), S. 3.
[101] Vgl. Rösl/ Seitz (2015), S. 527.

auch öffentliche Nahverkehrsunternehmen und Parkautomatenbetreiber entsprechende Bezahlmöglichkeiten anbieten. Aktuell liegt noch eine mangelnde flächendeckende Akzeptanz für unbare Zahlungsinstrumente vor. In kleineren Geschäften, wie beispielsweise Bäckereien, Metzgereien oder einem Kiosk in ländlicheren Regionen stehen dem Verbraucher teilweise noch überhaupt keine Alternativen zur Zahlung mit Bargeld zur Verfügung. Solange eine flächendeckende Einsatzmöglichkeit ausbleibt, kann keine bargeldfreie Gesellschaft existieren. Die Verbreitung der notwendigen Terminalinfrastruktur zur Akzeptanz innovativer Zahlverfahren muss also zuerst weiter forciert werden.[102]

Händlern sollten deshalb Anreize gesetzt werden, um die Infrastruktur für digitale Bezahlsysteme weiter auszubauen. Ein vergünstigtes Angebot von passender Kassensystemhardware, die NFC- oder Mobile-Payment-fähig ist, durch die Zahlungsdienstleister wäre hierbei eine Möglichkeit.[103] Denn ob in Zukunft mehr mit der Karte oder dem Smartphone bezahlt wird, hängt entscheidend von den Präferenzen des Handels ab.[104] Um eine flächendeckende Etablierung innovativer Bezahlsysteme zu schaffen, müssen auch dem Endverbraucher etwaige Zusatznutzen gegenüber klassischen Bezahlmethoden ersichtlich sein.[105]

Doch auch bei vollständiger Entwicklung der Technik, gibt es weitere allgemeine Voraussetzungen um Bargeld in ein Auslaufprodukt verwandeln zu können. Zum einen muss sich wirklich jeder Bürger bargeldlose Zahlungsformen leisten können. Zum anderen müssen auch Leute mit herabgesetzten kognitiven Fähigkeiten in der Lage sein, diese zu nutzen. Um eine flächendeckende Nutzung sicherstellen zu können, muss ein solches System demzufolge sehr einfach sein. Ebenso wird oftmals nicht erwähnt, dass alle Bürger auch in der Lage sein müssen, in diesem System Zahlungen zu empfangen. Insbesondere in noch weniger entwickelten Ländern wie Teile von Afrika und Lateinamerika, in denen noch keine flächendeckende Versorgung mit dem mobilen Internet vorhanden ist, stellen diese technischen Voraussetzungen aktuell noch eine hohe Hürde dar.[106]

---

[102] Vgl. Deutsche Bundesbank (2015), S. 42.
[103] Vgl. Werner (2014), S. 1 ff.
[104] Vgl. Winter/ Wörlen (2015), S. 524.
[105] Vgl. Deutsche Bundesbank (2014), S. 56 f.
[106] Vgl. Krüger/ Seitz (2015), S. 11.

Langfristig müssten alle Länder weltweit den gleichen Schritt vollziehen, ansonsten verschiebt sich der Bargeldfluss dorthin, wo noch Bargeld verwendet wird oder in alternative Tauschmittel. Wenn sich beispielsweise die Eurozone zu einer Bargeldabschaffung entschließen würde, der Schweizer Franken und der US-Dollar aber weiterhin in Münzen und Scheinen erhältlich sind, werden sich die Bewohner des Euro-Währungsgebiets ausländisches Bargeld verschaffen. Zumindest die wichtigsten Währungen im internationalen Handel, wie der US-Dollar, Schweizer Franken, Japanisches Yen und das Britische Pfund, müssten im Gleichschritt zum Euro das Bargeld abschaffen.[107] Fraglich bleibt ob und bis wann diese Fülle an genannten Voraussetzungen erfüllt werden kann.

---

[107] Vgl. Krüger/ Seitz (2015), S. 9.

6 Mögliche Risiken und Nebeneffekte der Bargeldabschaffung

Eine Bargeldabschaffung bringt nicht nur positive Effekte mit sich. Deshalb sollen nachfolgend mögliche Risiken dargestellt werden, die von vielen Befürwortern einer bargeldfreien Welt außer Acht gelassen werden. Wie schon im zweiten Kapitel genannt, umfasst die Buchgeldschöpfung der Geschäftsbanken schon heute einen Großteil der gesamten Geldmenge. Durch eine Bargeldabschaffung würde die Geldschöpfung komplett in der Hand der Kreditinstitute liegen, weil es kein Bargeld mehr geben würde. Scheine und Münzen wären wie erwähnt nicht länger gesetzlich akzeptiertes Zahlungsmedium. Hierdurch würden sich die Zentralbankbilanzen, da sie weniger zinstragende Aktiva beinhalten, erheblich verkürzen. In Folge dessen sinken deren Gewinne und damit auch die Gewinnausschüttungen zugunsten der Regierungen. Dies bringt zudem die Unabhängigkeit der Zentralbanken in Gefahr, denn sie wären von Zuwendungen ihrer jeweiligen Regierung abhängig.[108] Bei einem schon jetzt weltweit vorhandenen Misstrauen vieler Menschen gegenüber dem bestehenden Bankensystem, wäre dies eine zusätzlicher potenzieller Risikofaktor für das Finanzsystem.[109]

6.1 Entstehung von Schattenwährungen

Eine Abschaffung des Bargeldes führt nicht zwangsläufig zu einer Reduzierung der Schattenwirtschaft, zumindest wenn nur ein Währungsgebiet isoliert einen solchen Schritt vornimmt.[110] Diese Maßnahme würde, wie schon erwähnt, die Summe der Schwarzgelder um circa 15 Prozent absinken lassen.[111] Die restlichen 85 Prozent haben auch in einer bargeldfreien Welt weiterhin bestand. Zusätzlich kann es zu einem komplizierten Folgeproblem kommen, denn die Schattenwirtschaft würde vermehrt auf andere Währungen ausweichen.[112] Die illegalen Aktivitäten könnten beispielsweise auf Edelmetalle, Waren oder virtuelle Währungen wie Bitcoins umgelenkt werden. Auch Banknoten von Fremdwährungen, könnten in dem jeweiligen Land weiterhin als Zahlungsmittel für illegale Aktivitäten herangezogen werden. Die Zahlungen von Schwarzgeld würden also über private,

---

[108] Vgl. Rösl/ Seitz (2015), S. 527.
[109] Vgl. Kerscher (2016), S. 142.
[110] Vgl. Krüger/ Seitz (2015), S. 10.
[111] Vgl. Buhse (2015), S. 1 f.
[112] Vgl. Krüger/ Seitz (2015), S. 10.

alternative Zahlungsmittel weiterhin bestehen bleiben. Die Kontrolle der gesamten volkswirtschaftlichen Geldmenge würde aufgrund dessen für die Zentralbanken deutlich erschwert werden.[113]

Ebenso könnte auch ein Schwarzmarkt für Bargeldnoten der abgeschafften Währung entstehen, wenn die Bürger versuchen würden, sich gegen eine Bargeldabschaffung zu wehren. Falls diese das bisherige inländische Bargeld horten und nicht in die neue digitale Währung umtauschen würden. Hierbei würden die noch im Umlauf befindlichen Banknoten und Münzen, als inoffizielles Zahlungsmittel weiterhin bestehen bleiben. Dieses Phänomen ist in ähnlicher Art und Weise schon in den Staaten des ehemaligen Jugoslawien aufgetreten. Hier kursierte die D-Mark nach der Einführung des Euro noch eine längere Zeit als eine Art Schattenwährung. Auch hier würde die Kontrolle über die Geldmenge für eine längere Zeit erschwert werden.[114]

6.2 Freiheitseinschränkung der Bürger

Schon im 19. Jahrhundert, schrieb der russische Schriftsteller Fjodor Dostojewski, Geld ist eine geprägte Freiheit.[115] Diese Aussage kann unverändert in das 21. Jahrhundert übernommen werden. Der Mensch ist in modernen vernetzten Gesellschaften bereits in hohem Maße kontrollierbar. Durch die Videoüberwachung öffentlicher Plätze, durch die Nutzung von Mobiltelefonen und durch die Verwendung vielfältiger elektronischer Zahlungsmittel. Bis dato sind die Zahlungsdaten jedoch noch unvollständig, denn viele Zahlungen finden in bar statt und können aus diesem Grund nicht nachvollzogen werden.[116] In einer ausnahmslos elektronischen Welt des Zahlungsverkehrs wäre der Bürger schließlich absolut gläsern. Sofern eine längerfristige Aufbewahrung der Transaktionsdaten ausbleibt, wäre aus Sicht des Datenschutzes auch nichts gegen eine Abschaffung von Bargeld einzuwenden. Die Erfahrungen der Vergangenheit zeigen allerdings das deutliche Gegenteil auf. Denn die einfache Möglichkeit Daten zu sammeln, weckt schnell das Interesse an deren Verarbeitung und Speicherung.[117] Unternehmen können näm-

---

[113] Vgl. Rösl (2015), S. 5.

[114] Vgl. Beck/ Prinz (2015), S. 516 f.

[115] Vgl. Braunberger (2015), S. 1.

[116] Vgl. Deutsche Bundesbank (2015), S. 32.

[117] Vgl. Winter/ Wörlen (2015), S. 522.

lich bei unbarer Zahlungsweise der Nutzer, deren Nutzungsverhaltens auswerten. Somit finden sie die Präferenzen der Verbraucher heraus und nutzen diese zur Abschöpfung der Konsumentenrenten.[118] Ein enormes zusätzliches Kontrollpotenzial würde durch diese vollständige elektronische Abwicklung aller Transaktionen entstehen.[119] Die Erhaltung der vielfach gewünschten Anonymität wäre nicht mehr aufrecht zu erhalten und für den Bürger ergäbe sich in diesem Falle eine eindeutige Einschränkung in seiner Freiheit. Dazu ließ selbst die Deutsche Bundesbank im aktuellen Geschäftsbericht wissen, dass die deutliche Mehrheit der rechtstreuen Bürger ein legitimes Interesse an anonymen Transaktionen habe. Ganz alltägliche Zahlungen wie das Trinkgeld im Café, die Kirchenkollekte oder das Taschengeld für das Kind haben nichts mit einer illegalen Aktivität zu tun, dies gerate häufig aus dem Blick.[120]

6.3 Sicherheitsrisiken bargeldloser Zahlungssysteme

Ein zusätzliches Risiko liegt in der Sicherheit der digitalen Bezahlsysteme. Im Vergleich zum im Euro-Währungsgebiet entstandenen Schaden durch gefälschte Banknoten in Höhe von 39,1 Mio. Euro (Stand 2015), belief sich der Kartenbetrug auf ein Vielfaches. Insgesamt wurden nach dem zum vierten Mal veröffentlichten Bericht der EZB, Schäden in Höhe von 1,44 Mrd. Euro im Jahr 2013 verursacht. Der Großteil (66 Prozent) entfiel auf die Bereiche Internet und Telefon, gefolgt von Schäden am POS (20 Prozent) und am Geldausgabeautomaten (14 Prozent).[121] Dabei fällt zusätzlich auf, dass in Ländern mit hohen Kartenzahlungsanteilen, wozu etwa Frankreich und Großbritannien zählen, der Kartenbetrug deutlich höher ist. Diese beiden Länder weisen laut Daten der Europäischen Zentralbank eine mehr als doppelt so hohe Ausfallquote wie etwa in Deutschland auf.[122] Zusätzlich würde im Falle einer Bargeldabschaffung die Anzahl der Zahlungen über digitale Bezahlsysteme rapide ansteigen, denn Barzahlungen erhielten keine Akzeptanz mehr. Es ist deshalb zu befürchten, dass sich die Kriminalität bei einer Bargeldabschaffung noch weiter auf die digitale Welt verlagert.[123] Denn gerade

---

[118] Vgl. Deutsche Bundesbank (2015), S. 32.

[119] Vgl. Goodhart/ Krüger (2001), S. 10.

[120] Vgl. Tichy (2015), S. 2.

[121] Vgl. European Central Bank (2015b), S. 2.

[122] Vgl. European Central Bank (2014), S. 16.

[123] Vgl. Rösl/ Seitz (2015), S. 528.

ein allgemeines elektronisches Zahlungsmittel, das als Bargeldersatz etabliert ist, dürfte in besonderem Maße Angriffen von Kriminellen ausgesetzt sein.[124]

Auch Cyberwar-Attacken auf die Stromversorgung, Telekommunikation und den Zahlungsverkehr könnten sich häufen. Insbesondere deshalb müssen die Netze sicher sein um alle Zahlungen darüber abwickeln zu können. Wenn die Sicherung nicht gelingt, können keine Zahlungen mehr abgewickelt werden bis die Stromversorgung wieder hergestellt wurde, denn eine bare Notreserve im Tresor steht den Bürgern nicht mehr zur Verfügung.[125] Hieraus ergeben sich also im Falle einer Bargeldabschaffung erhebliche Unsicherheiten für die Marktteilnehmer.

6.4 Selbstkontrolle und Konsumverhalten der Bürger

Durch die physische Wertübertragung ist Bargeld das transparenteste Zahlungsmittel, das eine exakte Einschätzung der Wertänderung zulässt und Zahlungen direkt an den Konsum knüpft. Im Gegensatz hierzu trennen Debit- und insbesondere Kreditkarten die Zahlung zeitlich von der eigentlichen Transaktion.[126] Hiermit geht die Transparenz verloren und die Bürger haben oftmals nur noch eine geringe Übersicht über ihre Finanzen. Bargeld erlaubt deshalb eine bessere Ausgabenkontrolle und ist ein nützliches Instrument zur Haushaltsplanung. Hierzu trägt ebenfalls der psychologische „Schmerz des Bezahlens" bei, der eine bessere Kontrolle über vergangene Ausgaben ermöglicht und hiermit das Kaufverhalten mindert.[127] Auch eine Studie über die Nutzung von Bargeld, bestätigt die bevorzugte Verwendung des „Pocket Watchings" mit einer Quote von 65 Prozent der Befragten. Dabei sind insbesondere Haushalte mit geringem Einkommen gezwungen ihre Ausgaben zu überwachen um einer überzogenen Verschuldung aus dem Wege zu gehen.[128] Durch eine reine Nutzung digitaler Bezahlsysteme kann letztendlich das Verschuldungsrisiko der Gesamtgesellschaft erheblich ansteigen. Hierzu trägt ebenfalls die aktuell schon bestehende, konsumfördernde Niedrigzinspolitik der Zentralbanken bei.

---

[124] Vgl. Krüger/ Seitz (2015), S. 11.
[125] Vgl. Horstmann/Mann (2016), S. 50.
[126] Vgl. Trütsch (2016), S. 2.
[127] Vgl. Soman (2001), S. 460 ff.
[128] Vgl. Deutsche Bundesbank (2014), S. 36 f.

Mit diesen Risiken einhergehend, würden alle einzigartigen Eigenschaften des Bargeldes, die im zweiten Kapitel genannt wurden, hinfällig werden. Dies gilt es bei voreiligen Entschlüssen zu berücksichtigen, wie auch das Vorstandsmitglied der Deutschen Bundesbank Carl-Ludwig Thiele vor kurzem bestätigte. Seiner Meinung nach bedürfen Eingriffe in die Zahlungsmittelwahl einer besonderen sachlich fundierten Begründung.[129] Denn das nutzenstiftende und etablierte Bargeldverfahren wird von vielen Konsumenten aus Überzeugung gelebt.[130]

---

[129] Vgl. Deutsche Bundesbank (2015), S. 45.
[130] Vgl. Deutsche Bundesbank (2014), S. 42.

7 Alternativen zum Bargeld

Konträr hierzu erklärte Michael Kemmer, Hauptgeschäftsführer und Mitglied des Vorstands Bundesverband deutscher Banken, bei einem Bargeldsymposium der Deutschen Bundesbank am 12. Oktober 2012: „Die digitale Gesellschaft von heute und morgen wird die bewährten Zahlungsverfahren auf den Prüfstand stellen und früher oder später auch das Bargeld in Bedrängnis bringen"[131]. Mit seiner Aussage lässt Kemmer dennoch die Frage ungeklärt, was das neue gesetzliche Zahlungsmittel sein wird, wie es ausgestattet sein sollte und ab welchem Zeitpunkt eine Ablösung stattfinden könnte. Als mögliche Alternativen zum aktuellen gesetzlichen Zahlungsmittel stehen viele Möglichkeiten zur Verfügung. Eine in der Literatur vorgeschlagene Idee, basiert auf einem Zahlungssystem mit Juwelen und Edelmetallen, die an die Stelle des Bargeldes treten.[132] Auch eine Art Warenwährung die aus Sammlermünzen, Briefmarken, Schnaps oder Zigaretten besteht, könnte sich als Surrogat etablieren. Ein weiterer Vorschlag besteht in einem Geldsystem, dass auf Gutscheinen basiert.[133] Der Tausch- und Münzhandel wurde allerdings vor vielen Jahren aus guten Gründen abgeschafft und ist in der Neuzeit eher weniger brauchbar. Denn nur wenige können ständig einen Beutel voller Juwelen mit sich herumtragen oder den Wert einer Briefmarkensammlung spontan bestimmen. Um das Bargeld ernsthaft in Bedrängnis bringen zu können, müssen den Nutzern adäquate Alternativen zur Verfügung stehen, die vorgenannte Voraussetzungen auch erfüllen können. Deshalb wird im Detail nur auf das Giralgeld und eine neue technologische Entwicklung als mögliches neues gesetzliches Zahlungsmittel eingegangen. Zusätzlich wird in Kapitel 7.2 eine aktuelle Debatte zum Bereich des Buchgeldes aufgegriffen.

7.1 Reines Giralgeld - Digitale Bezahlsysteme am Beispiel Mobile Payment

Giralgeld ist ein Geldsurrogat und bisher noch kein gesetzliches Zahlungsmittel. Es hat sich dennoch im Laufe der letzten Jahrzehnte stark verbreitet und an Bedeutung gewonnen. In dem Falle, dass Banknoten und Münzen vom Staat verboten und somit von Händlern nicht mehr als gesetzliches Zahlungsmittel akzeptiert

---

[131] Rütlisberger (2012), S. 1.
[132] Vgl. Keynes (1936), S. 302.
[133] Vgl. Prinz/ Beck (2015), S. 518.

werden, könnte das Buchgeld weiter existieren. Die einzelnen Währungen der Länder könnten dabei bestehen bleiben, wobei die gesamten Zahlungen sodann ausschließlich über die verschiedenen digitalen Bezahlsysteme abgewickelt werden müssten.

Hier lassen sich zunächst einmal klassische unbare Bezahlverfahren wie Überweisungen, Girokarten und Kreditkarten aufzählen. Diese erfreuen sich schon seit Jahrzehnten steigender Beliebtheit im Einzel- und Onlinehandel. Durch fortwährende Veränderungen der Zahlungs- und Einkaufsgewohnheiten wurden im Laufe der Jahre Internetbezahlverfahren wie PayPal, Giropay und SofortÜberweisung entwickelt.[134] Außerdem sind schon seit einigen Jahren innovative Zahlungsmethoden wie das Mobile Payment und die genannte NFC über EC-Karten auf dem Vormarsch. Diese und andere digitalen Zahlungsformen könnten auch mit reinem Buchgeld als Ersatzzahlungsmittel fungieren.

Die technischen Entwicklungen, sowie die Akzeptanz und Ausstattung der Geschäfte im Einzelhandel entwickelt sich immer weiter in Richtung digitaler Bezahlsysteme. Mittlerweile sind beispielsweise alle Spar-Supermärkte in Österreich mit NFC-Terminals ausgestattet und in der Türkei zahlen selbst die Dolmus-Fahrgäste[135] mit NFC über ihr Smartphone oder Karten.[136] Auch in den Nordamerika und Asien (ausgehend von Japan, über Südkorea und mittlerweile auch in China) ist digitales Bezahlen schon sehr stark ausgeprägt.[137] Vornehmlich in Deutschland muss noch eine höhere Aufgeschlossenheit gegenüber neuen Zahlungsmethoden erfolgen, aber auch hier müssten, wenn Bargeld in Form von Scheinen und Münzen nicht mehr existent wäre, alle Zahlungen über die genannten Zahlungsverfahren abgewickelt werden.

Im Folgenden soll diese Arbeit einen kurzen Anriss auf das digitale Bezahlsystem Mobile Payment geben.[138] Das Mobilfunkgerät hat die Möglichkeit, als ein weltweit genutztes Produkt, das bargeldlose Bezahlen von jedem Ort für jedermann zu ermöglichen.[139]

---

[134] Vgl. Deutsche Bundesbank (2014), S. 22.
[135] Dolmus bezeichnet eine spezielle Art eines türkischen Sammeltaxis.
[136] Vgl. Fisbeck, H. (2013), S. 1 f.
[137] Vgl. Werner (2014), S. 3.
[138] Siehe hierzu Anhang 2 – Veränderung Nutzerzahlen Mobile Payment
[139] Vgl. Werner (2014), S. 1 ff.

In Schweden, dem Paradebeispiel für bargeldloses Zahlen, ist dies schon seit einiger Zeit üblich. Im Jahre 2012 wurde von schwedischen und dänischen Banken eine Smartphone-App namens Swish entwickelt. Der Austausch von Geld erfolgt hier digital, indem der Zahlende per Handy den Betrag an die Mobilnummer des Empfängers sendet und die App es sofort gutschreibt. Außer der Telefonnummer des Empfängers wird nur ein persönlicher PIN benötigt. Bei einer Bevölkerungsanzahl in Höhe von 9,5 Millionen, haben sich nach Firmenangaben aktuell mehr als vier Millionen Schweden registriert. Sie kaufen damit im Supermarkt ein, ziehen ihre Bustickets oder bezahlen ihren Freunden einen Kaffee. Auch das Aufteilen einer gemeinsamen Restaurantrechnung kann so bargeldlos erfolgen. Probleme treten nur selten bei schlechten Mobilfunknetzen in ländlichen Regionen auf. Die Schwedische ist der restlichen europäischen Bevölkerung hierbei um Längen voraus.[140]

Gleiches gilt auch für Länder außerhalb der Eurozone. Im afrikanischen Kenia entwickelt der Mobilfunkanbieter Safaricom in Kooperation mit Vodafone seit 2007 das System M-Pesa, dass bargeldlose Zahlungstransfers zwischen Mobilfunkgeräten ermöglicht. Ganz ohne Notwendigkeit eines Bankkontos. Denn die Situation stellt sich beispielsweise auf dem afrikanischen Kontinent anders dar als in hoch entwickelten Industriestaaten. In manchen Ländern, in denen oft eine sehr geringe oder gar keine Payment-Infrastruktur vorhanden ist, kann Bargeld nicht einfach durch klassische unbare Zahlungsmittel wie Kreditkarten ersetzt werden. Es fehlt an verfügbaren Geldautomaten, Electronic Cash Terminals und Festnetzanschlüssen die für diese Zahlungsformen benötigt werden. Doch unglaublich viele Menschen haben ein Handy. Digitale Bezahlsysteme wie das Mobile Payment, könnten sich deshalb im Falle einer Bargeldabschaffung, als Alternative zum Bargeld entwickeln.[141]

7.2 Vollgeldinitiative in der Schweiz

Ein ausschließlich auf Buchgeld bestehendes Finanzsystem hat dennoch diverse schon genannte Nachteile. Auch der potenzielle Risikofaktor eines labilen Finanzsystems dürfe laut Wissenschaftlern nicht ungeachtet bleiben. Die in der Schweiz

---

[140] Vgl. Bunjes (2016), S. 1 f.
[141] Vgl. Werner (2014), S. 3 ff.

entfachte und nachfolgend beschriebene Debatte könnte deshalb, als mögliche Ergänzung zu in Kapitel 7.1 genannten Alternativen, nützlich sein.

Thomas Mayer, ehemaliger Chef-Volkswirt der Deutschen Bank und Unterstützer der Schweizer Initiative führt aus, dass allein die Nationalbank künftig elektronisches Buchgeld herstellen soll. Banken dürfen selbst kein eigenes Giralgeld mehr erzeugen, sondern nur noch das Geld verleihen, das es schon gibt. Die Geldschöpfung soll so wieder in die öffentliche Hand kommen. Das sei eine Voraussetzung für "fließendes Geld".[142] Dies sind Schlagworte, der Schweizer Vollgeldinitiative, die in den vergangenen Monaten für weltweites Aufsehen gesorgt haben.

Ursprüngliche Ansätze des nun angestrebten Vollgeld-Systems stammen aus den 1930er-Jahren in denen sich damals führende US-Ökonomen, wie Irving Fisher oder Ökonomie-Nobelpreisträger Milton dafür aussprachen den Banken aufzuerlegen, alle Guthaben, die sie einräumen, zu hundert Prozent mit Zentralbankgeld zu decken. Der Verein Monetäre Modernisierung will nun diese Ansätze wieder aufgreifen und mittels einer Volksinitiative eine Änderung der Schweizer Verfassung erreichen. Das bestehende Mindestreservesystem soll durch ein Vollreserve-System ersetzt werden.[143]

Vollgeld ist ein vollwertiges gesetzliches Zahlungsmittel, das von der Nationalbank in Umlauf gebracht wird. Die Initiative will den Banken die Schöpfung von Buchgeld verbieten. Nur der Schweizer Nationalbank soll das Recht zustehen, neben Münzen und Noten zukünftig auch elektronisches Geld herzustellen.[144]

In der Schweiz betrug die Gesamtgeldmenge der Jahre 2003 bis 2012 im Durchschnitt 340 Mrd. CHF. Der Anteil des von den Banken erzeugten elektronischen Giralgeldes belief sich auf 300 Mrd. CHF. Das von der Notenbank hergestellte Bargeld nur auf 40 Mrd. Euro.[145] Deshalb sollen alle herausgegebenen Kredite der Schweizer Bankenwelt durch eine Mindestreserve von 100 Prozent gedeckt sein. Ein Kreditinstitut dürfe neue Darlehen nur ausreichen, wenn es im gleichen Ausmaß über Bargeldreserven verfüge.[146]

---

[142] Vgl. Kappel (2015), S. 2.
[143] Vgl. Storbeck (2012), S. 2.
[144] Vgl. Kappel (2015), S. 1.
[145] Vgl. Mayer/ Huber (2014), S. 53.
[146] Vgl. Storbeck (2012), S. 2.

Das Geldsystem würde wieder verständlicher und transparenter werden und die Zentralbank wieder die Kontrolle über die zur Verfügung gestellte gesamte Geldmenge erlangen, führt die Initiative aus.[147] Außerdem sehen die Initiatoren weitere Vorteile in der besseren Kontrollmöglichkeit von Finanz- und Kreditblasen und der erheblichen Senkung der öffentlichen Verschuldung. Der Wachstumsdruck der Wirtschaft würde abflachen und wieder Freiräume schaffen für nachhaltiges Wirtschaften im Sinne von Mensch, Tier und Natur.[148]

Auch von nationaler Seite kommt nun Rückenwind. Jüngst ließ der Präsident der Schweizer Nationalbank, Thomas Jordan wissen, dass die Preise von Wohneigentum seit 2009 mit erschreckendem Tempo gestiegen sind und kein Ende absehbar ist. Durch die Vollgeld-Initiative würden sich auch solche Preisverwerfungen wieder abkühlen.[149]

Die Hürde der benötigten 100.000 Unterschriften für eine Volksabstimmung wurde 2015 überschritten. Wer in der Schweiz für sein Anliegen 100.000 gültige Unterschriften zusammenbringt, darf es zum Volksentscheid stellen. Wird es vom Volk angenommen, ist es Gesetz. Mit dem Ende der Abstimmungszeit am 01. Dezember 2015 wurden 111.819 gültigen Unterschriften bei der Bundeskanzlei in Bern eingereicht und bestätigt.[150]

Ähnliche Wege prüft seit April 2015 auch die isländische Regierung, nachdem der Vorsitzende des Wirtschaftsausschusses im isländischen Parlament, Frosti Sigurjonsson, fundamentale Reformen in Islands Geldpolitik forderte. Er bezeichnet die Geldschöpfung der Banken über das Buchgeld als zentrales Problem für die wirtschaftliche Instabilität des Landes. Er plädiert im Parlament für eine Geldmengenkontrolle durch die Staaten.[151] Diese Entwicklungen zeigen deutlich, dass vor einer Einführung von reinem Giralgeld als Zahlungsmittel, noch großer Diskussionsbedarf besteht.

---

[147] Vgl. Malquarti (2015), S. 1.
[148] Vgl. Kappel (2015), S. 2.
[149] Vgl. Haimann (2014), S. 2.
[150] Vgl. Schweizerische Bundeskanzlei (Hrsg.) (2015).
[151] Vgl. Sigurjonsson (2015), S. 8.

7.3 Virtuelle Währungen am Beispiel Bitcoins

Als weitere Alternative zum Bargeld könnte sogenanntes Cybergeld zählen. Hierbei gibt es zwei Möglichkeiten. Zum einen wird die eingeführte virtuelle Währung als alleiniges Zahlungsmittel und somit als Ersatzwährung integriert werden. Eine weitere Möglichkeit besteht in einer Parallelnutzung, zusätzlich zu den bestehenden Währungssystemen der Welt.

Aktuell gibt es über 500 virtuelle Währungen, diese haben jedoch kaum Bedeutung.[152] In dieser Ausarbeitung soll deshalb mit Bitcoin nur das prominenteste Beispiel einer virtuellen Währung behandelt werden. Obwohl Bitcoin in keinem Land der Erde von staatlicher Seite als Währung anerkannt ist, erregt es seit der Einführung im Jahre 2009 eine große Aufmerksamkeit.[153] Sie ist eine künstlich geschaffene Cyber-Währung, die im Internet, bei der Nutzung eines entsprechenden Browsers, verwenden werden kann.[154] Außerdem kann sie als eine digitale, dezentrale, kostenfreie sowie anonym handhandbare Online-Währung, die nicht durch eine zentrale Organisation gesteuert wird, definiert werden.[155]

Dabei bezeichnet der Begriff Bitcoin sowohl die entsprechenden Einheiten als auch das Zahlungssystem. Denn er setzt sich aus Bit, als die kleinste Maßeinheit für eine Daten- oder Informationsmenge und Coin, eng. für Münze, zusammen.[156]

Bitcoins werden verschlüsselt durch ein sogenanntes Peer-to-Peer-Computernetzwerk vom einen auf den anderen Anwender transferiert. Dazu wird vom Nutzer nur ein Nutzerkonto und der Bitcoin-Client als Software benötigt.[157] Die Übertragung erfolgt dabei, wie beim Online-Banking, durch eine Überweisung, die von jedem internetfähigen Gerät vorgenommen werden kann.[158] Hierbei können von den Nutzern verschiedene Einheiten übertragen werden, denn jeder einzelne Bitcoin besteht aus 100.000.000 Satoshi. Bei einer auf maximal 21 Millionen Bitcoin begrenzte Menge, ergeben sich daraus 2,1 Milliarden Recheneinheiten. Diese werden durch einen Algorithmus in einem Zehn-Minuten-Takt über

[152] Vgl. Rösl (2015), S. 9.
[153] Vgl. Kerscher (2014), S. 10.
[154] Vgl. Beck/ Prinz (2015), S. 518.
[155] Vgl. Kerscher (2014), S. 15.
[156] Vgl. Kerscher (2014), S. 10.
[157] Vgl. Kerscher (2014), S. 11.
[158] Vgl. Kerscher (2014), S. 12.

äußerst komplexe Rechenverfahren bis zum Jahre 2140 generiert.[159] Aktuell existieren in etwa 15,5 Mio. Bitcoins.[160]

Die genannte Obergrenze führt direkt zum ersten Vorteil dieser Technologie, denn im Gegensatz zu regulären Währungen, ist das geschaffene Zahlungssystem frei von politischen Motiven und Einflussnahmen.[161] Durch die dezentralen Server zur Verwaltung, unterliegt Bitcoin nicht der Kontrolle durch eine Behörde oder Regierung und kann, dank Open-Source, auch von jedermann angepasst und verbessert werden.[162] Darüber hinaus können Bitcoin, im Vergleich zu den aktuell gültigen Papiergeldwährungen, nicht beliebig durch Geschäfts- und Notenbanken vermehrt werden.[163]

Die im System digitaler Zahlungssysteme vermisste Anonymität bei den Transaktionen wird hier im virtuellen Zahlungssystem gewährleistet. Von keinem Marktteilnehmer müssen Informationen wie Kartennummern, Namen oder Adressen preisgegeben werden.[164] Hinzu kommt, dass es mithilfe einer asymmetrischen kryptografischen Methode sowie der digitalen Signaturen laut Literatur praktisch unmöglich ist Bitcoin zu fälschen.[165]

Darüber hinaus können Bitcoins grundsätzlich sehr günstig übertragen werden. Die Zahlungsanbieter werden für die Administration und Übernahme etwaiger Unsicherheiten, wie den Wertschwankungen, entlohnt. Hierfür fällt nur ein kleines Transaktionsentgelt an, das jedoch mit unter 1 Prozent deutlich unterhalb etwaiger Kreditkartengebühren liegt und auch das Führen von Bitcoin-Konten ist kostenlos.[166]

Ein Aspekt der dabei trotzdem bedacht werden sollte, ist die Gefahr eines Wertverlustes. Der Bitcoin-Kurs ist durch heftige Kursausschläge nach oben und unten als sehr instabil zu bezeichnen. Kursschwankungen von über zehn Prozent am

---

[159] Vgl. Kerscher (2014), S. 67 ff.
[160] Vgl. Blockchain (Hrsg.) (2016).
[161] Vgl. Kerscher (2014), S. 147.
[162] Vgl. Kerscher (2014), S. 10.
[163] Vgl. Kerscher (2014), S. 15.
[164] Vgl. Schmiechen (2016), S. 2.
[165] Vgl. Kerscher (2014), S. 14.
[166] Vgl. Brito (2013), S. 11.

Tag sind auf dem kleinen Bitcoin-Markt durchaus normal.[167] Eine offizielle Währung darf nicht in solch einem Ausmaß schwanken.

Zudem ist die Sicherheit der Technologie gegen Diebstahl ein häufig diskutiertes Thema. Im Gegensatz zu Kreditkarten und anderen Zahlungsmöglichkeiten ist Bitcoin nicht gegen Manipulation und Diebstahl geschützt. Es gibt in diesen Fällen keinen Schadensersatz und der Nutzer muss den Verlust hinnehmen. Auch eine Einlagensicherung für Sparguthaben, die in der EU für Bankenpleiten gilt, dient nicht als Schutz für Bitcoin-Vermögen. Beispielsweise veröffentlichte die stark frequentierte Handelsplattform Mt. Gox am 28. Februar 2014, dass ihr durch Hackerangriffe über die letzten Monate, circa 850.000 Bitcoins im Gegenwert von ungefähr 365 Millionen Euro gestohlen wurden. Als Konsequenz daraus ergab sich die Insolvenz der Firma und ein Totalverlust für die Nutzer der Plattform. Es bleibt zu befürchten, dass sich ein wachsendes allgemein akzeptiertes Zahlungssystem, in besonderem Maße krimineller Energien ausgesetzt sieht[168] Auch deshalb wurden in den letzten Jahren von der überwiegenden Zahl der EU-Staaten, Warnungen vor der Nutzung von Bitcoins herausgegeben.[169] Bei einem Verbot von staatlicher Seite wäre Bitcoin als Zahlungsmittel nicht mehr für legale Zwecke einsetzbar. Ein dann einsetzender enormer Preisverfall würde das Ende für diese virtuelle Währung bedeuten.[170]

Ein weiterer wesentlicher Nachteil besteht zusätzlich darin, dass ohne Akzeptanz von Bitcoins als Zahlungsmethode durch die Gegenseite, keine Zahlung zustande kommt.[171] Zurzeit ist der Bekanntheitsgrade nicht besonders hoch. Bitcoins sind, wenn man die aktuellen Nutzungszahlen im Vergleich zum normalen Zahlungsverkehr betrachtet, noch ein Nischenprodukt, welches weltweit nur in einem kleinen Netzwerk verbreitet ist. Täglich werden weltweit nur ungefähr 190.000 bis 220.000 Transaktionen über Bitcoins abgewickelt.[172] Dem stehen allein in der EU, circa 274 Millionen unbare Zahlungen pro Tag gegenüber.[173]

---

[167] Siehe hierzu Anhang 4 – Bitcoin 1
[168] Vgl. Kerscher (2014), S. 70 ff.
[169] Vgl. Rösl (2015), S. 34 ff.
[170] Vgl. Kerscher (2014), S. 100.
[171] Vgl. Kerscher (2014), S. 147.
[172] Siehe hierzu Anhang 5 – Bitcoin 2
[173] Vgl. European Central Bank (2015b), S. 4.

Abschließend lässt sich festhalten, dass diese virtuelle Währung im Grunde beste Chancen hat, sich als anerkanntes Zahlungsmittel zu etablieren. Sie bedarf keinerlei zentraler Verwaltung und Kontrolle, ist sowohl quelloffen als auch fälschungssicher und besitzt eine geringe Einstiegshürde. Diese Chancen auf Erfolg müssen allerdings noch durch Weiterentwicklungen und eine stärkere Verbreitung erhöht werden. Insbesondere durch die volatile Wertentwicklung kann die Kryptowährung noch keine echte Konkurrenz zum aktuellen Währungssystem darstellen. In den kommenden Jahren wird sich herausstellen, ob sich virtuelle Währungen zum weltweiten Standard im Zahlungsverkehr entwickeln und Bargeld in Bedrängnis bringen können.

8 Zukünftige Rolle des Bargeldes als Zahlungsmittel

Bargeld erfüllt kontinentübergreifend wichtige volkswirtschaftliche Aufgaben und hat sich in der Bevölkerung schon über Jahrhunderte als zuverlässiges Zahlungsinstrument bewährt. Relativ leichtfertig soll diese altbewährte Institution, nach Aussagen der vielmals genannten Marktakteure, abgeschafft werden.[174] Solch eine Politik, die auf eine kurzfristige Abschaffung von Bargeld abzielt, kann allerdings in der aktuellen Zeit als gefährlich angesehen werden. Bevor solch eine gravierende Maßnahme vollzogen wird, sollten die vermeintlichen Alternativen und Lösungen besser durchdacht und entwickelt sein. Denn bekanntermaßen lassen sich die genannten Voraussetzungen für eine digitale Welt des Zahlens, besonders im technischen Bereich, nicht über Nacht schaffen. Zusätzlich ist die Möglichkeit einer Bargeldabschaffung in der aktuellen Zeit nicht praktikabel, da hierfür eine fast weltweite Abschaffung nötig wäre. Dies gilt insbesondere wegen vorgenannten Ausweichreaktionen auf alternative Zahlungsinstrumente. Zudem ist fraglich, inwiefern die Ursachen der zu lösenden Probleme der Schattenwirtschaft, der Terrorismusfinanzierung oder einer mangelnden wirtschaftlichen Dynamik wirklich mit einer bargeldfreien Welt gelöst werden können. So wird Bargeld auf kurze Sicht, aufgrund seiner einzigartigen Eigenschaften, weiterhin bestehen bleiben, sofern es nicht gänzlich verboten wird.[175]

Unter Annahme einer längerfristigen Perspektive, wird Bargeld eine immer geringere Rolle spielen. Die Generation der Personen, die ihre Gehälter noch über Lohntüten erhielten, sind mittlerweile in den Ruhestand eingetreten. Die aktuelle und kommende Generation wächst immer weiter mit der Technik auf und die weltweite Bargeldnutzung nimmt immer weiter ab. Regelmäßig werden neue innovative Zahlungsformen wie zum Beispiel Bitcoins geschaffen und weiterentwickelt. Wenn diese noch mehr Zuspruch erhalten und die Vorteile des Bargeldes integriert werden können, wird Bargeld in naher Zukunft von ganz alleine einen volkswirtschaftlichen Bedeutungsverlust erleiden. Das eventuelle Ableben des Bargeldes sollte aber unbedingt eine freiwillige Entwicklung sein. Denn in einer freiheitlichen marktwirtschaftlichen Ordnung, sollte der Bürger alleine die Entscheidung treffen, ob er lieber Bar, über virtuelle Währungen, mit dem Handy oder der Karte zahlt.

---

[174] Vgl. Krüger/ Seitz (2015), S. 12.
[175] Vgl. Trütsch (2016), S. 2.

9 Anhang

Anhang 1 – Barzahlungsrestriktionen in der EU[176]
Höchstgrenzen Bargeldzahlung   Seite 1 von 2

Höchstgrenzen Bargeldzahlung

Sie möchten in Frankreich Möbel kaufen, die Rechnung eines belgischen Handwerkers bezahlen oder im Italienurlaub die Miete für Ihr Ferienhaus begleichen?

Stand der Informationen: Februar 2016

Anders als in Deutschland, wo es derzeit noch keine **Obergrenze für Barzahlungen** gibt, haben viele EU-Länder eine Höchstsumme festgelegt. In unserer interaktiven Karte finden Sie neben den EU-Mitgliedstaaten auch Norwegen und Island, beides Mitglieder unseres Netzwerks.

Beachten Sie: Wer in der EU mit über 10.000 Euro in Bar reist, muss auf Anfrage den Betrag beim Zoll anmelden.

Klicken Sie auf die einzelnen Länder, um nähere Informationen zu erhalten.

Keine Höchstgrenzen für Bargeldzahlungen.

Keine gesetzlich vorgeschriebene Höchstgrenze. In der Praxis gibt es jedoch Ausnahmen.

Höchstgrenzen für Bargeldzahlungen.

Wir danken dem Europäischen Verbraucherzentren für die übermittelten Angaben. Sie wurden mit größter Sorgfalt verfasst. Das EVZ Deutschland kann die Richtigkeit jedoch nicht garantieren.

		Folgen Sie uns
	Europäisches Verbraucherzentrum Deutschland	
	unter dem Dach des	
	Zentrums für Europäischen Verbraucherschutz e.V.	Newsletter
	Bahnhofsplatz 3	
	77694 Kehl	

Willkommen auf unserer Webseite. Ihre Privatsphäre ist uns sehr wichtig. Deshalb verwenden wir Cookies ausschließlich dazu, das Funktionieren unserer Webseite sicherzustellen und ihre Inhalte zu verbessern. Informationen zu unseren Cookies finden sie hier und unsere Datenschutzerklärung hier. Sind Sie damit einverstanden, dass wir Cookies zu diesen Zwecken verwenden?   Ja, ich bin einverstanden   Nein, Cookies deaktivieren

Anhang 2 – Veränderung der Nutzerzahlen Mobile Payment - Statista (2016)[177]

---

[176] http://www.evz.de/de/verbraucherthemen/geld-und-kredite/im-ausland-bezahlen/hoechstgrenzen-bargeldzahlung/

Prognose zur Entwicklung der Nutzerzahl von Mobile Payment in den Jahren 2012 und Prognose für 2017 nach Regionen (in Millionen)

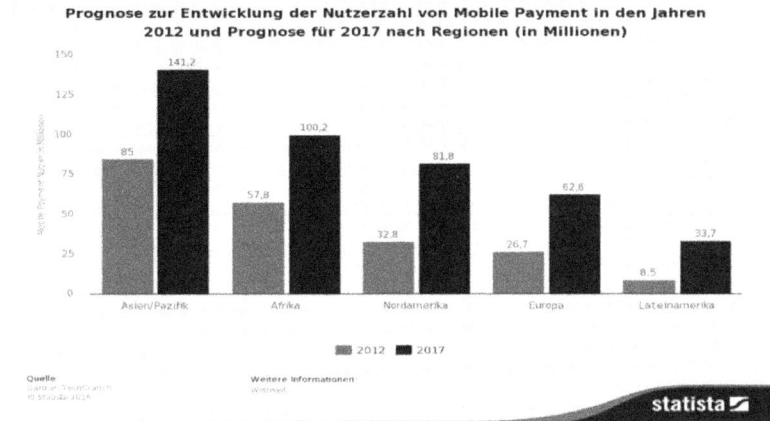

Anhang 3 – Bartransaktionen im internationalen Vergleich (2016)[178]

Anteil der Bartransaktionen an Gesamtzahl und Gesamtwert der Transaktionen

Abbildung 1

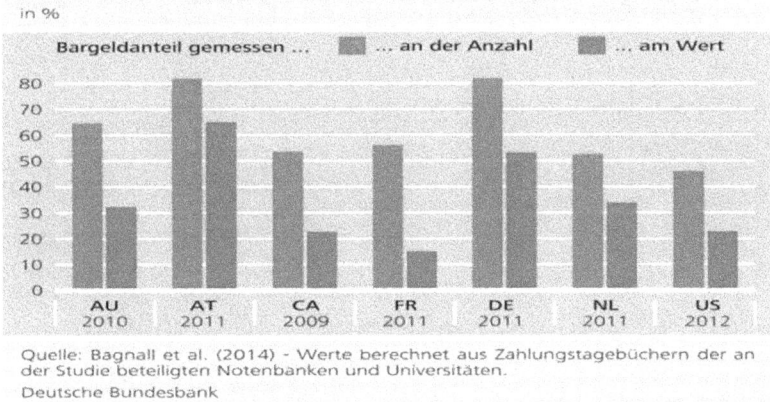

Quelle: Bagnall et al. (2014) - Werte berechnet aus Zahlungstagebüchern der an der Studie beteiligten Notenbanken und Universitäten.
Deutsche Bundesbank

---

[177] http://de.statista.com/statistik/daten/studie/226677/umfrage/prognose-zur-entwicklung-der-nutzerzahl-von-mobile-payment/

[178]

http://www.bundesbank.de/Redaktion/DE/Standardartikel/Bundesbank/Forschungszentrum/2016_01_research_brief.html

Anhang 4 – Bitcoin 1[179]

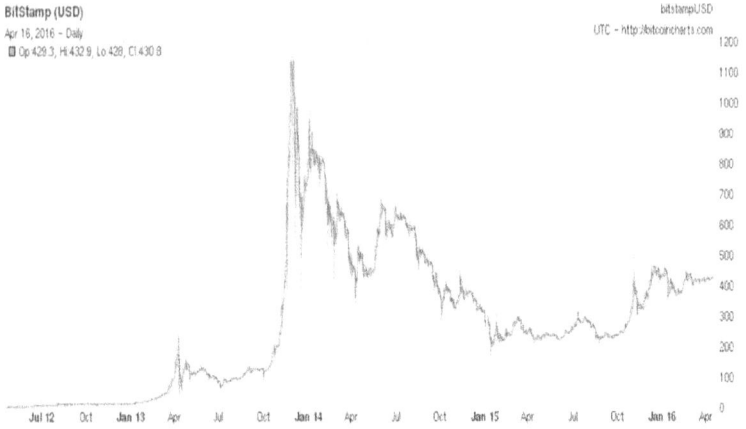

Anhang 5 – Bitcoin 2[180]

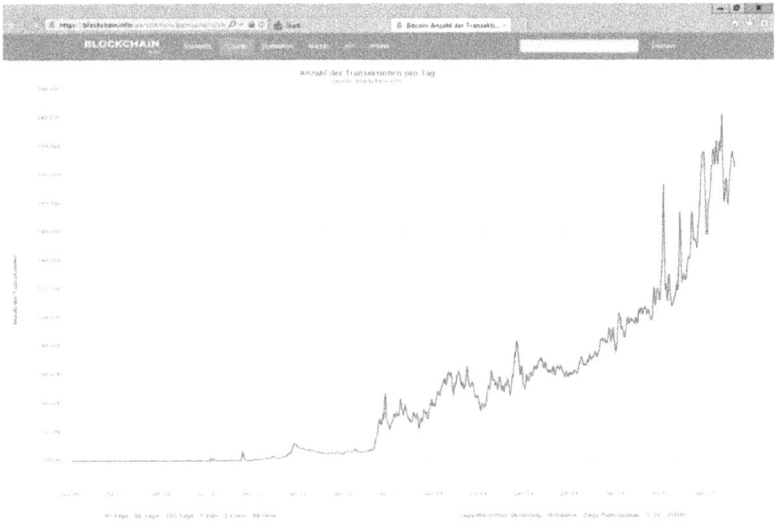

---

[179] http://bitcoincharts.com/charts/bitstampUSD#rg1460ztgCzm1g10zm2g25

[180] https://blockchain.info/de/charts/n-transac-tions?showDataPoints=false&timespan=all&show_header=true&daysAverageString=7&scale=0&address=

10 Literaturverzeichnis

Anwar, A. (2015): Dänemark schafft Bargeld ab. In: St. Galler Tagblatt Online, 19. Mai 2015. URL: http://www.tagblatt.ch/nachrichten/wirtschaft/tb-wi/Daenemark-schafft-Bargeld-ab;art149,4228209 (Stand: 11.05.2016).

Bagnall, J. / Bounie, D. / Huynh, K. P. / Kosse, A. / Schmidt, T. / Schuh, S. / Stix, H. (2014): Consumer cash usage: a cross-country comparison with payment di-ary survey data. Deutsche Bundesbank. Discussion Paper, No 13/2014, Frankfurt a. M.

Balzter, S. (2016): Land ohne Bargeld. In: Frankfurter Allgemeine Zeitung, 14. Februar 2016. URL: http://www.faz.net/aktuell/finanzen/digital-bezahlen/schweden-setzt-immer-mehr-auf-bargeldloses-zahlen-14068659.html (Stand: 11.05.2016).

Beck, H. / Prinz, A. (2015): Abschaffung des Bargelds als Wunderwaffe? In: Wirtschaftsdienst. Mit Bargeld zahlen - ein Auslaufmodell? 95. Jahrgang, 2015, Heft 8, S. 515-519.

Blockchain (Hrsg.) (2016): Gesamtanzahl der Bitcoins im Umlauf. URL: https://blockchain.info/de/charts/total-bitcoins?timespan=all&showDataPoints=false&days AverageString=1&show_header=true&scale=0&address= (Stand: 11.05.2016).

Bunjes, M. Evangelischer Pressedienst (Hrsg.) (2016): Bezahlen per Handy. In diesem Land hat kaum jemand mehr Bargeld. In: Die Welt. 30. März 2016. URL: http://www.welt.de/finanzen/article153808915/In-diesem-Land-hat-kaum-jemand-mehr-Bargeld.html (Stand: 11.05.2016).

Bushe, M. (2010): Warum die Welt ohne Bargeld nicht funktioniert. In: Handelsblatt, 31. Dezember 2010. URL: http://handelsblatt.com/politik/konjunktur/oekonomie/ nachrichten/oekonomen-analysieren-warum-die-welt-ohne-bargeld-nicht-funktioniert/3752086.html (Stand: 11.05.2016).

Braunberger, G. (2015): Geprägte Freiheit. In: Frankfurter Allgemeine Zeitung, 17. Mai 2015. URL: http://www.faz.net/aktuell/finanzen/kommentar-zum-bargeld-gepraegte-freiheit-13596983.html (Stand: 11.05.2016).

Brito, J. (2013): Beyond silk road: potential risks, threats, and promises of virtual currencies, Testimony before the Senate Committee on homeland security and governmental affair, 18 November 2013.

Deutsche Bundesbank (Hrsg.) (2014): Zahlungsverhalten in Deutschland 2014. Dritte Studie über die Verwendung von Bargeld und unbaren Zahlungs-in-strumenten. URL: https://www.bundesbank.de/Redaktion/DE/Downloads/Veroeffentlichu ngen/Studien/zahlungsverhalten_in_deutschland_2014.pdf?__blob=public ationFile (Stand: 11.05.2016).

Deutsche Bundesbank (Hrsg.) (2015): Geschäftsbericht 2015. URL: https://www.bundesbank.de/Redaktion/DE/Downloads/Veroeffentlichu ngen/Geschaeftsberichte/2015_geschaeftsbericht.pdf?__blob=publication File (Stand: 11.05.2016).

Deutsche Bundeshalb (Hrsg.) (2016a): Begriff und Aufgaben des Geldes. Kapitel 1. URL: https://www.bundesbank.de/Redaktion/DE/Dossier/Service/schule_und _bildung_kapitel_1.html?notFirst=true&docId=153022 (Stand: 11.05.2016).

Deutsche Bundesbank (Hrsg.) (2016b): Was ist die rechtliche Grundlage für die Buchgeldschöpfung? Kapitel 3. URL: https://www.bundesbank.de/Redaktion/DE/FAQ_Listen/faq_zum_thema _geldschoepfung.html?docId=175746#175746 (Stand: 11.05.2016).

Diekmann, F. (2015): Studie zur globalen Kreditlast: Die Welt versinkt in Schulden. 05. Februar 2015. Hamburg. URL: http://www.spiegel.de/wirtschaft/soziales/schulden-der-welt-mckinsey-studie-belegt-deutlichen-anstieg-a-1016749.html (Stand: 11.05.2016).

Europäisches Verbraucher Zentrum (Hrsg.) (2016): Höchstgrenzen beim Bezahlen mit Bargeld. Zentrum für Europäischen Verbraucherschutz e.V. Februar 2016. Kehl. URL: http://www.evz.de/de/verbraucherthemen/geld-und-kredite/im-ausland-bezahlen/hoechstgrenzen-bargeldzahlung/ (Stand: 11.05.2016).

European Central Bank (Hrsg.) (2014): Third Report on Card Fraud. Februar 2014. Frankfurt am Main. URL: https://www.ecb.europa.eu/pub/pdf/other/cardfraudreport201402en.pdf (Stand: 11.05.2016).

European Central Bank (Hrsg.) (2015a): Fourth Report on Card Fraud. Virtual Currency Schemes. Juli 2015. Frankfurt am Main. URL: https://www.ecb.europa.eu/pub/pdf/other/4th_card_fraud_report.en.pdf?7857a81a373cf6a3845df3507ed2240d (Stand: 11.05.2016).

European Central Bank (Hrsg.) (2015b): Virtual Currency Schemes - a further analysis, Frankfurt a.M.. Februar 2015. URL: https://www.ecb.europa.eu/pub/pdf/other/virtualcurrencyschemesen.pdf (Stand: 11.05.2016).

European Central Bank (Hrsg.) (2016): ECB ends production and issuance of €500 banknote. 4. Mai 2016. URL: https://www.ecb.europa.eu/press/pr/date/2016/html/pr160504.en.html (Stand: 11.05.2016).

European Comission (Hrsg.) (2015): Report. The euro area. Flash Eurobarometer 429. Oktober 2015. URL: http://ec.europa.eu/economy_finance/articles/pdf/fl_429_en.pdf (Stand: 11.05.2016).

European Parliament (Hrsg.) (2015): Regulation (EU) on interchange fees for card-based payment transactions. 2015/751, European Parliament and the Council, Articel 3 and 4, 29. April 2015. URL: http://eur-lex.europa.eu/legal-content/EN/TXT/?uri=uriserv:OJ.L_.2015.123.01.0001.01.ENG&toc=OJ:L:2015:123:FULL (Stand: 11.05.2016).

Feige, E. L. (2011): New Estimates of U.S. Currency Abroad, the Domestic Money Supply and the Unreported Economy. MPRA Paper No. 34778, September 2011. URL: https://mpra.ub.uni-muenchen.de/34778/1/MPRA_paper_34778.pdf (Stand: 11.05.2016).

Fisbeck, H. (2013): Herausforderung an unser Bildungssystem - damit wir den Anschluss nicht verpassen. 28. Mai 2013. URL: http://regital.de/der-einfluss-des-bildungssystems-auf-die-akzeptanz-von-neuerungen/ (Stand: 11.05.2016).

Fischer, B. / Köhler, P. / Seitz, F. (2004): The Demand for Euro Area Currencies: Past, Present and Future. European Central Bank. Working Papier Series, Nr. 330, April 2004. URL: http://www.suomenpankki.fi/pdf/112792.pdf (Stand: 11.05.2016).

Greive, M./ Jost, S./ Tauber, A. (2016): Barzahlung ab 5000 Euro in Deutschland bald illegal. In: Die Welt, 03. Februar 2016. URL: http://www.welt.de/wirtschaft/article151797880/Barzahlung-ab-5000-Euro-in-Deutschland-bald-illegal.html (Stand: 11.05.2016).

Haimann, R. (2014): Vollgeld-Initiativ in der Schweiz: Alle Macht der Zentralbank. In: Manager Magazin. 23. Juni 2014. URL: http://www.manager-magazin.de/immobilien/artikel/vollgeld-initiative-in-der-schweiz-alle-macht-der-zentralbank-a-976484-druck.html (Stand: 11.05.2016).

Horst, F. (2015): Münzgeldstudie - Folgenabschätzung einer Rundungsregel im Einzelhandel. EHI Retail Institute GmbH in Zusammenarbeit mit der Deutschen Bundesbank. Deutsche Bundesbank (Hrsg.) URL: https://www.bundesbank.de/Redaktion/DE/Downloads/Veroeffentlichungen/Studien/muenzgeldstudie.pdf?_blob=publicationFile (Stand: 11.05.2016).

Horstmann, U. / Mann, G. FinanzBuch Verlag (Hrsg.). (2016): Bargeldverbot. Alles , was Sie über die kommende Bargeldabschaffung wissen müssen. München.

Goodhart, C.A.E. / Krueger, M. (2001): The Impact of Technology on Cash Usage. Financial Markets Group, London School of Economics. Discussion Paper 374.

Jonker, N. / Plooij, M. / Verburg, J. (2015): Does a public campaign influence debit card usage? Evidence from the Netherlands. De Nederlandische Bank, Work-ing Paper 470, Amsterdam. URL: http://www.dnb.nl/en/binaries/Working%20paper%20470_tcm47-320830.pdf (Stand: 11.05.2016).

Kappel, L. (2015): Finanzsystem: Vollgeld als Alternative. In: DerStandard. 12. Januar 2015. URL: http://derstandard.at/2000008743891/Vollgeld-als-Alternative-zum-aktuellen-Finanzsystem (Stand: 11.05.2016).

Karwat, K. Monetative (Hrsg.) (2016): Wie entsteht Giralgeld und wie kommt es in Umlauf. URL: http://www.monetative.de/wie-entsteht-giralgeld-und-wie-kommt-es-in-umlauf/ (Stand: 11.05.2016).

Kerscher, D. (2014): Bitcoin. Funktionsweise, Risiken und Chancen der digitalen Währung. Dingolfing.

Keynes, J. M. (1936): Allgemeine Theorie der Beschäftigung, des Zinses und des Geldes. Berlin. 1936.

Koller, C. / Seidel, M. (2014): Geld war gestern: Wie Bitcoin, Regionalgeld, Zeitbanken und Sharing Economy unser Leben verändern werden. Finanz-Buch Verlag (Hrsg.). 07. März 2014.

Koshy, P. / Koshy, D. / McDaniel, P. (2014): An Analysis of Anonymithy in Bitcoin Using P2P Network Traffic. Lecture Notes in Computer Science 8437, S. 469 - 485

Krüger, M. / Seitz, F. (2015): Bargeldlos oder bar jeglichen Verstands? Was die Abschaffung des Bargeldes bringt oder eben gerade nicht. ifo Schnelldienst 13/2015, 68. Jahrgang, 16. Juli 2015, S. 9-12.

Malquarti, M. (2015): Bares für Bürger. In: Neue Züricher Zeitung, 16. Februar 2015. URL: http://www.nzz.ch/meinung/debatte/bares-fuer-buerger-1.18484005 (Stand: 11.05.2016).

Mayer, T. / Huber, R. Tectum Verlag (Hrsg.) (2014): Vollgeld: Das Geldsystem der Zukunft. Unser Weg aus der Finanzkrise, Marburg, 2014.

Rösl, G. (2006): Regionalwährungen in Deutschland. Lokale Konkurrenz für den Euro? In: Diskussionspapier Deutsche Bundesbank, Volkswirtschaftliche Studien, Reihe 1, Nr. 43, 2006. In: European Central Bank. Virtual Currency Schemes - a further analysis, Frankfurt a.M.. Februar 2015. URL: https://www.ecb.europa.eu/pub/pdf/other/virtualcurrencyschemesen.p df (Stand: 11.05.2016).

Rösl, G. / Tödter, K.-H. (2015): Zins- und Wohlfahrtseffekte extremer Niedrigzins-politik für die Sparer in Deutschland. ROME Discussion Paper Series, Nr. 15-01, Januar 2015. URL: http://www.rome-net.org/RePEc/rmn/wpaper/rome-wp-2015-01.pdf (Stand: 11.05.2016).

Rogoff, K. (2014): Costs and benefits to phasing out paper currency. Presented at NBER Macroeconomics Annual Conference, 11. April 2014. Version 05.05.2014. URL: http://scholar.harvard.edu/files/rogoff/files/c13431.pdf (Stand: 11.05.2016).

Rütlisberger, C. (2012): Bargeld soll künftig besteuert werden. Kopp. Spezial 43/12. URL: http://unsere-verantwortung.info/?p=46 (Stand: 11.05.2016)

Schmiechen, F. (2016): Einmal Blockchain zum Mitreden, bitte! 13. Januar 2016. URL: http:// http://www.gruenderszene.de/allgemein/blockchain-wie-geht-das (Stand: 11.05.2016).

Schmiedel, H. / Kostova, G. L./ Ruttenberg, W. (2013): The Social and Private Cots of Retail Payment Instruments: A European Perspective, Journal of Financial Market Infrastructures, 2(1).

Schneider, F./ Buehn, A./ Montenegro, C. E. (2010): New Estimates for the Shadow Economies all over the World. International Economic Journal, Vol. 24, No 4, S.443-461, Dezember 2010. URL: http://www2.lawrence.edu/fast/finklerm/IEJ_NewEstimates_ShadEc_World.pdf (Stand: 11.05.2016).

Schweizerische Bundeskanzlei (Hrsg.) (2015): Eidgenössische Volksinitiative. Für krisensicheres Geld: Geldschöpfung allein durch die Nationalbank! (Vollgeld-Initiative) zustande gekommen, 24.12.2015, Bern. URL: https://www.admin.ch/gov/de/start/dokumentation/medienmitteilungen.msg-id-60143.html (Stand: 11.05.2016).

Seitz, F. / Rösl, G. (2015): Warum Bargeld nicht abgeschafft werden sollte - Effizi-enz-, Praktikabilitäts- und Implementierungsaspekte. In: Wirtschafts-dienst. Mit Bargeld zahlen - ein Auslaufmodell? 95. Jahrgang, 2015, Heft 8, S.525-528.

Siedenbiedel, C. (2014): Angriff auf das Bargeld. Warum Banken und Staaten Krieg gegen das Bargeld führen. 17. Mai 2014. URL: http://www.faz.net/aktuell/finanzen/meine-finanzen/geld-ausgeben/nachrichten/warum-banken-und-staaten-krieg-gegen-das-bargeld-fuehren-12944410-p2.html?printPagedArticle=true#pageIndex_2 (Stand: 11.05.2016).

Sigurjónsson, F. (2015): Monetary Reform - A better monetary system for Iceland. A Report by Frosti Sigurjónsson. Iceland Prime Minister´s Office, 31. März 2015. URL: https://eng.forsaetisraduneyti.is/media/Skyrslur/monetary-reform.pdf (Stand: 11.05.2016).

Soman, D. (2001): Effect of Payment Mechanism on Spending Behavior: The Role of Rehearsal and Immediacy of Payments, Journal of Consumer Research, 27, S. 460-474.

Sorge, C. (2015): Bargeld und andere Bezahlverfahren. In: Wirtschaftsdienst. Mit Bargeld zahlen - ein Auslaufmodell? 95. Jahrgang, 2015, Heft 8, S.519-522.

Trütsch, T. (2016): Wird das Bargeld bestehen bleiben? In: Die Presse, 15. Februar 2016. URL: http://diepresse.com/home/wirtschaft/oekonomenstimme/4926181/Wird-das-Bargeld-bestehen-bleiben (Stand: 11.05.2016).

Von Pax, W. (2015): Wirtschaftsprofessor: "Das Bargeldverbot kommt". In: Neopresse, 9. November 2015. URL: http://www.neopresse.com/finanzsystem/wirtschaftsprofessor-das-bargeldverbot-kommt/ (Stand: 11.05.2016).

Werner, K. (2014): Wie sich Mobile Payment weltweit auszahlt und welche Zahlen den deutschen Markt bestimmen. 23. Mai 2014. URL: http://etailment.de/thema/payment/Mobile-Payment-Markt-Europa-Asien-USA-und-Afrika-im-Vergleich-1522 (Stand: 11.05.2016).

Winter, H. / Wörtlen, H. (2015): Nachfrage nach Zahlungsinstrumenten. In: Wirtschaftsdienst. Mit Bargeld zahlen - ein Auslaufmodell? 95. Jahrgang, 2015, Heft 8, S.522-525.

www.ingramcontent.com/pod-product-compliance
Lightning Source LLC
Chambersburg PA
CBHW020846210326
41598CB00019B/1987